珍藏本
纪念版

汉译世界学术名著丛书

人口原理

附：人口原理概观

〔英〕马尔萨斯 著

朱泱 胡企林 朱和中 译

商务印书馆
SINCE 1897
The Commercial Press

2017年·北京

Thomas Robert Malthus

AN ESSAY ON THE PRINCIPLE OF POPULATION

London, 1798

本书根据伦敦 1798 年版译出

汉译世界学术名著丛书
（120年纪念版·珍藏本）
出版说明

2017年2月11日，商务印书馆迎来120岁的生日。120年前，商务印书馆前贤怀揣文化救国的理想，抱持“昌明教育，开启民智”的使命，立足本土，放眼寰宇，以出版为津梁，沟通中西，为中国、为世界提供最富智慧的思想文化成果。无论世事白云苍狗，潮流左右激荡，甚至战火硝烟弥漫，始终践行学术报国之志，无改初心。

迻译世界各国学术名著，即其一端。早在20世纪初年便出版《原富》《天演论》等影响至今的代表性著作，1950年代后更致力于外国哲学和社会科学经典的译介，及至1980年代，辑为“汉译世界学术名著丛书”，汇涓为流，蔚为大观。丛书自1981年开始出版，历时三十余年，迄今已推出七百种，是我国现代出版史上规模最大、最为重要的学术翻译工程。

丛书所选之书，立场观点不囿于一派，学科领域不限于一门，皆为文明开启以来，各时代、各国家、各民族的思想与文化精粹，代表着人类已经到达过的精神境界。丛书系统译介世界学术经典，引领时代思想，为本土原创学术的发展提供丰富的文化滋养，为推动中国现代学术和现代化进程做出了突出的贡献。

为纪念商务印书馆成立120周年，我们整体推出“汉译世界学术名著丛书”120年纪念版的珍藏本，寄望既利于文化积累，又便于研读查考，同时向长期支持丛书出版的译者、编者和读者致以敬意。

两甲子后的今天，商务印书馆又站在了一个新的历史时间节点上。我们不仅要铭记先辈的身影和足迹，更须让我们的步伐充满新的时代精神。这是商务人代代相传的事业，更是与国家和民族的命运始终紧密相连的事业。我们责无旁贷，必须做好我们这代人的传承与创造，让我们的努力和成果不仅凝聚成民族文化的记忆，还能成为后来人可以接续的事业。唯此，才能不负前贤，无愧来者。

商务印书馆编辑部

2017年10月

评马尔萨斯《人口原理》第一版

李 宗 正

马尔萨斯的《人口原理》是从出版直到现在二百多年来在社会科学领域争议最多的一部著作。这本书第一版的书名《人口原理，人口对社会未来进步的影响，兼评葛德文先生、孔多塞先生和其他著述家的推测》，明白地说明了它一出版就是论战性的著作，是为攻击当时风行一时的社会改革论和空想社会主义而写作的。此后，关于人口理论的论争一直不断。在中国，远者不说，在 20 世纪初，《东方杂志》、商务印书馆就发表过不少作品，介绍马尔萨斯的人口思想，到 30 年代，论述马尔萨斯人口思想和中国人口问题的著作就更多了。1949 年，毛泽东同志发表著名的《唯心史观的破产》一文，继承马克思的观点，否认马尔萨斯主义，此后我国学术界对马尔萨斯主义基本上采取批判的态度。1958 年，马寅初先生的《新人口论》遭受错误的攻击与批判，于是在全国掀起了批判马尔萨斯主义的热潮。1978 年后对马寅初先生的错误批判得到了平反。大概是物极必反，在马寅初先生的《新人口论》得到正确评价的同时，国内学术界不少人提出要重新评价马尔萨斯主义，有的全部肯定马尔萨斯主义，有的主张一分为二，认为马尔萨斯的《人口原理》包含部分真理，甚至认为我国计划生育的某些做法是起源于马尔萨斯。当然也有一些人坚持马克思主义观点，仍然对马尔萨斯的人口论持批判态度。

事实上，马尔萨斯的《人口原理》译成中文时间较晚，出版的数量也很少。1933 年世界书局才出版郭大力同志译的《人口论》，印数很少。1959 年为了批判马尔萨斯主义，商务印书馆征得郭大力同志的同意，将旧译重印，印数也仅 1500 册。1961 年又出版了马尔萨斯《人口原理》的第二版。不论对马尔萨斯主义采取批判的态度，抑或加以肯定，我认为首先要认真阅读原著，进行实事求是的研究，然后才能准确地进行评论。现在朱泱和胡企林二位同志将马尔萨斯的《人口原理》重新翻译出版，使更多的人能够读到马尔萨斯的原著，这对我国学术界和计划生育工作者将大有裨益。《人口原理》在马尔萨斯生前出过六版。第二版出版于 1803 年，第三版出版于 1806 年，第四版出版于 1807 年，第五版出版于 1815 年，最后一版出版于 1826 年。第一版和第二版之间的差异稍大，其他各版之间虽然多少有些不同，但就其基本思想来说，和第一版无根本不同。即就第二版来说，虽然同第一版相比，它由一本小册子变成篇幅大四倍的巨著，由匿名著作变成署明著者真实姓名和头衔的著作，书名也改为《人口原理对于人类幸福之过去及现在之诸影响的考察。附考察将来关于消除或缓和由人口所生的弊害的研究》。第一版分十九章，第二版则分为四篇，第一篇分十四章，第二篇分十一章，第三篇分十一章，第四篇分十四章，全书共五十章。二者真正不同之处在于：第一版认为只有增加人口的死亡率才能抑制人口增长，第二版则主张通过降低人口出生率来控制人口增长。马尔萨斯在第二版序言中也承认第二版的重大改动就是上述这一点。他说："贯彻本书全部，和前一论著比较起来，我在原则上有一个大不相同的想法，就是认为有另外一种对人口抑制的作用，它既不属于恶习，又不属于苦难；而且，在本书的后半部里我致力于使我在第一篇论文里所作出的某些最苛酷的结论变得缓和了。"但二者的主体思想并无二致。所以，商务印书馆重译出版第一版足以显示广泛传播于世的马尔萨斯的人口理论的真面目。事实上，马尔萨斯的《人口原理》能够广泛传播的原因之一，是他的第一版写得通俗，简单明了。从重译出版的第一版，我们便可以看出这本书的最初的风貌和后来的变化。

社会科学领域任何理论的产生和发展，离不开当时的历史条件，也离不开过去思想发展的状况。马尔萨斯的《人口原理》就是当时西欧的经济、政治、思想发展的产物。

英国在西欧是资本主义生产先进的国家。14 世纪和 15 世纪英国工场手工业已经产生。要使工场手工业发展成为资本主义生产的普遍形式，一方面要有大量失去生产资料而具有人身自由的工人，另一方面要有组织大企业所必需的数量相当大的货币资本。15 世纪末和 16 世纪初，英国通过"圈地运动"对广大农民的土地实行暴力掠夺，开始了创造这两个条件的资本原始积累过程。到 18 世纪末，圈地运动达到了高潮。据有的英国学者计算，1700—1760 年圈入土地面积为312 363英亩；1761—1801 年为3 180 871英亩；1802—1944 年为2 549 345英亩。我们撇开圈地运动引起的各种后果不谈，仅简单地说一下它对英国人口变化产生的影响。自从圈地运动盛行以来，丧失土地的农民不断增加，因而出现了人口过剩现象。他们有的沦为流浪汉，有的跑到城市去当雇佣工人，有的变成极为穷苦的人，有的移民到北美。总之，他们不得不在许多困苦的途径中寻找一条出路。英国的资本主义制度就是在牺牲农民利益的基础上发展起来的。

18世纪末英国又开始了工业革命。工业革命促进了机器大工业的发展，为资本主义生产方式奠定了技术基础，使英国经济空前高涨，从而给人口增加提供了有利的条件。据估计，17世纪末，英国人口约有550万人，1751年约为725万人，1801年就增加到1 094万人，1821年又增加到1 439万人。[①] 工业革命使人口分布也发生了剧烈的变动。许多新的大城市迅速建立和发展起来，城市人口越来越增加，农业人口的比重则不断下降，到1851年，英国农业人口约为170万人，只占英国总人口的20%左右。

英国农业革命和工业革命使英国国民经济空前地繁荣起来，国民财富锐增。但资本主义工农业经营方式以及机器和新的科学方法的应用，在使社会生产力发展和国民收入剧增的同时，使广大工农群众生活急剧恶化。首先，机器的使用和工厂的建立使广大的手工业者受到排挤，成为过剩人口。正如恩格斯所说："新生的工业能够这样成长起来，只是因为它用机器代替了手工工具，用工厂代替了作坊，从而把中等阶级中的劳动分子变成工人无产者，把从前的大商人变成了厂主；它排挤了小资产阶级，并把居民间的一切差别化为工人和资本家之间的对立。"[②]

机器工业不仅使广大小生产者遭到破产，而且使雇佣工人也

① 参阅克拉潘：《现代英国经济史》上卷，商务印书馆1974年版，第89页。

② 《马克思恩格斯全集》第2卷，第296页。

愈来愈多地被抛向街头。资本家使用机器的目的，是为了榨取更多的剩余价值。因此，随着资本主义机器工业的发展，工人变成机器的附庸，终日从事令人疲惫不堪的体力劳动，引起了工人生理上的畸形发展。机器简化了生产过程，过去必须由具有熟练技术的工人担任的工作，现在妇女和儿童就可以完成，所以资本家就广泛地雇用女工和童工。女工和童工的工资极其菲薄，他们参加生产不仅进一步压低了成年工人的工资，而且使更多的男工被抛出工厂。机器的使用还成为延长劳动日和提高劳动强度的手段。18世纪后期15小时工作日被认为是正常的。

农民被剥夺土地，手工业者破产，工人大批失业，使英国社会矛盾逐渐尖锐化，反抗运动遍及英国各地。1795年、1816年和1830年先后发生粮食骚动，在机器工业出现的初期，工人反对机器的斗争也风起云涌。1769年英国政府曾颁布破坏机器者处死刑的法令。但1779年一些地区参加捣毁机器的工人仍多达8万。

正当整个英国处于沸腾状态的时际，1789年法国爆发了资产阶级民主革命。法国革命的信息传到英国后，英国劳动群众的斗争热情日益高涨。为了转移国内劳动群众的斗争视线，消除法国革命对英国统治阶级的威胁，1793年英国政府发动了对法国的战争。在对外战争的借口下，英国政府颁布禁止集会的法令，宣布民主组织为非法，逮捕群众运动领袖，对国内劳动群众实行血腥的镇压。但是，由于战争使财政和经济愈益困难，人民群众的生活进一步恶化，在整个战争年代里，英国仍接连不断地发生罢工、粮食骚动和水兵起义等。怎样压制群众反抗，如何看待和解决失业和贫困问题，成为英国社会普遍关注的问题。英国思想界也就这一问题展开了激烈争论。

在《人口原理》第一版开端，马尔萨斯就自认不讳，由于法国革命，引起了英国思想界相反二派的敌意，现制度的拥护者和支持者对于期望社会通过改革达到更幸福的状态的一派总是加以非难。马尔萨斯以葛德文、孔多塞作为后一种观点的代表，并明确地说："无论它的真实性给我留下多么深的印象，我都应怀疑其正确性。"他认为，社会改革者的论调是错误的。马尔萨斯《人口原理》第一版的书名也表明这本书的目的在于评论他们的思想。葛德文出生于英国的一个传教士家中，本人也当过传教士。他深受启蒙主义者和法国革命的影响，在同当时的反动政客葛德蒙·柏克就法国革命问题进行论战中，于 1793 年写成了著名的《论政治正义及其对道德和幸福的影响》（以下按此书中译本的书名简称《政治正义论》）一书（先后共出四版）。在法国革命的霹雳闪电中，当时英国的知识分子热诚地倾听百科全书派学者的各种宣言，并渴望对于各种理论有一个系统的解释。葛德文的著作满足了他们的这一要求。正如柏克的《法国革命宣言》对于统治阶级、潘恩的《论人权》对于一般民众具有很大的吸引力一样，葛德文的著作对知识分子也产生了很大的影响。当时还在大学读书的华滋华斯、科勒里季、骚锡等都认为自己的研究简直一无用处，争着去读葛德文的著作。当时的一些大学教授曾对学生说："把化学的书烧掉，去读葛德文的必然论罢！"虽然葛德文的著作当时卖价很贵，劳动人民仍纷纷凑钱购买。葛德文的书被当时一些人看作"造出欧洲各国一个感情恐怖的书"。

葛德文写作《政治正义论》时满怀着对法国革命的热忱，辞藻丰富,文体流畅。他的书贯穿着理性论思想。在他看来,理性是支配动物生活的真正动力,它将把人类引上不断改良和日趋完善的道路。政府庇护非正义制度,维持人类财产的不平等现象。因此,所有的政府(不管它的形式如何)都是恶的,但社会却是自然的,即由我们需要产生的。在他看来,如果废除了政府,社会可以通过理性法则来维持。葛德文又认为,建立了无政府的社会,还需要解决财产问题,以利于建立政治公平体系。现行的私有财产制度使人颂扬自私心,崇拜压迫者,追逐奢侈和罪恶;而现行的法律一旦废除,人类便会寻求实现各取所需的公平原则。葛德文也看到了反对平等的种种议论。他对后来为马尔萨斯所仿效的一些观点给予了答复。他根本不忧虑人口会超过生活资料的限度。他认为,理性的统治,使人口增加超过生活资料的增加成为细小的问题,不值得加以考虑。

葛德文在1797年、即在马尔萨斯《人口原理》第一版出版的前一年曾出版《研究者:教育、习俗及文艺的评论》一书。他在该书题为《财富和贫穷》的一篇中指出,贫穷的真正弊病不在于身体上的欠缺,而在于缺乏财富。在另一篇《贪欲和奢侈》中,他驳斥了资本能给穷人提供职业、是穷人的恩主的说法,指出了机器工业的发展延长了穷人的工作时间,加强了对工人的奴役;说明了富人并没有付给穷人应得的报酬,因而加重了穷人的痛苦。马尔萨斯在《人口原理》第一版的序言中说:“有一次,同一个朋友谈到葛德文先生《研究者》一书中论述贪欲和奢侈的那篇文章,这便是本书的缘起。”这里所说的朋友不是别人,就是他的父亲丹尼尔·马尔萨斯。

马尔萨斯生于英国伦敦附近萨里郡鲁克里地方一个土地贵族

的家庭里。他的祖先有的担任皇家的医生，有的当过牧师，还有的担任军官，他们在当时统治阶级的圈子里是颇有一些名望的。他的父亲丹尼尔·马尔萨斯在牛津大学学习过，但在事业上一事无成，靠祖先遗留下来的资产过着绅士生活。丹尼尔和休谟、卢梭等人都有过来往，在启蒙主义的影响下，思想颇为激进。他同情法国革命，赞扬社会改革。马尔萨斯早年受教于他的父亲，稍长又从格雷夫斯、韦克菲尔德等人学习。19 岁时(1784 年)进入牛津大学耶稣学院学习，在学四年，于 1788 年得文科学士学位。大学毕业后，他回到家中闲居了一段时间，又进入剑桥大学继续研究，1791 年得文科硕士学位，二年后(1793 年)成为耶稣学院的校友。1788 年，他加入英国教会僧籍，在萨里郡的奥尔伯里当了牧师。

丹尼尔·马尔萨斯曾把风靡一时而给他留下深刻印象的葛德文的著作推荐给马尔萨斯，但马尔萨斯对法国革命和葛德文、孔多塞的著作都持反对的态度。孔多塞是法国改革论者，早年对数学有兴趣，后受杜尔哥的影响，转而从事经济学研究。1782 年被推荐为法兰西学士院会员。法国革命时属于吉伦特党，曾被判死刑，后受一妇女庇护，匿居其家八个多月，在此期间，写成《关于人心进步的历史考察》一书。1794 年书成后，在离开这一妇女家外出时被捕，旋在狱中自杀，他的著作是死后才出版的。该书于 1795 年被译成英文，流传英国。马尔萨斯和其父在对葛德文、孔多塞的著作的评价上发生了思想分歧。事实上，马尔萨斯先前并没有专门研究过什么人口问题，他是同他的父亲争论时才想出以人口过剩作为反对法国革命和社会改革的论据。这可以从马尔萨斯对他的朋友普莱姆所说的话得到证明。他说："在与他的父亲辩论其他某些国家的情况时，他最初想出了他的理论。”[①]

1805年，马尔萨斯在英国东印度公司设立的东印度学院担任历史和经济学教授，直到1834年去世。在此期间，英国经济学领域十分活跃。英国产业资本和土地贵族所有权之间发生的利益冲突，在谷物法问题上公开爆发出来，引起了激烈的争论。马尔萨斯在此期间写了一些经济学著作。其中主要有《谷物条例的后果以及谷物价格涨落对于农业和国家总财富的影响的考察》(1814年)；《地租的性质与发展》(1815年)、《对限制外国粮食进口政策的一个意见的论据，论谷物条例一书的补充》(1815年)；《有关东印度学院的演说，用事实驳斥近年来在所有法庭上对它的指责》(1817年)；《政治经济学原理》(1820年)；《价值的尺度》(1823年)；《政治经济学定义》(1827年)。如马克思所指出，他的经济学著作都是站在土地贵族和资产阶级立场反对无产阶级，又为维护土地贵族而反对产业资产阶级。

马尔萨斯在《人口原理》第一版开端就说，他是由于法国革命引起政治争论而提出人口问题的。这就是说，这本书的主旨最初并不是在于研究人口原理，而是适应政治斗争的需要。他从两个所谓永恒性法则出发，即“第一，食物为人类生存所必需。第二，两性间的情欲是必然的，且几乎会保持现状。这两条法则，自从我们对人类有所了解以来，似乎一直是有关人类本性的固定法则”。(见本书第6页)马尔萨斯从神学的训示来解释人类社会，他说：“除非当初安排了宇宙秩序的神进行某种直接的干预，但眼下神为

① 参阅马歇尔：《经济学原理》上卷，商务印书馆1981年版，第198页。

了创造物的利益，仍按照固定法则操纵着世间的一切。”（见本书第7页）葛德文在《政治正义论》中曾提出，随着理性的进步，人类将会控制两性间的情欲。他从理性说明问题当然并不全然正确，但他预言人的性欲可以自我控制却已为科学发展的客观现实所证实。相反，马尔萨斯却认为：“在消除两性间的情欲方面，迄今却尚未取得任何进展。两性间的情欲今天仍同两千年或四千年前一样强烈。现今同以往一样，也有个别的例外。但是，由于这种例外的数目似乎没有增加，因而，若仅仅从存在着例外就推论说例外最终将成为规则，规则最终将成为例外，则很显然，这种推论是很不讲究辩论的哲学方式的。”（见本书第7页）人的情欲的确不能消除，但有情欲并不等于人口必然增加，实行避孕完全可以控制人口增长。而马尔萨斯站在宗教立场，却反对实行避孕方法。按照他的看法，避孕是宗教所不允许的，也是违反自然和不道德的。

人得吃饭，没有生活资料就不能生存；人类还要延续后代，生儿育女，这是无可异议的。然而，问题不在于说明这种众所周知的事情，而在于说明人类怎样生产、交换和分配生活资料。人有情欲，这是人类生活的特点，但两性结合取决于婚姻制度和家庭制度，这两者又决定于特定的生活方式。有的同志引用了恩格斯的下述一段话：“根据唯物主义观点，历史中的决定性因素，归根结蒂是直接生活的生产和再生产。但是，生产本身又有两种。一方面是生活资料即食物、衣服、住房以及为此所必需的工具的生产；另一方面是人类自身的生产，即种的蕃衍。”[①]似乎想借以说明，两种

① 《马克思恩格斯选集》第4卷，第2页。

生产是支配人类社会的两个主要因素;马尔萨斯的所谓两个法则也言之有理。但恩格斯紧接着就指出,只有在人类社会初期,在以血族关系为基础的社会结构中,后者在历史中才起着决定性作用。随着社会生产力的发展,阶级社会的产生,"家庭制度完全受所有制的支配,阶级对立和阶级斗争从此自由开展起来,这种阶级对立和阶级斗争构成了直到今日的全部成文历史的内容。"[①]由此可见,恩格斯并没有认为,人类自身的生产或两性间的情欲是决定社会发展的一个独立因素。

马尔萨斯从上述的所谓人类本身固定的两个法则,引申出两者之间的增长不平衡。他认为:"人口的增殖力无限大于土地为人类生产生活资料的能力。人口若不受到抑制,便会以几何比率增加,而生活资料却仅仅以算术比率增加。懂得一点算术的人都知道,同后者相比,前者的力量多么巨大。"(见本书第 7 页)

先就人口的增殖力来说。在马尔萨斯《人口原理》第一版发表之前,英国经济学家斯图亚特在《政治经济学原理的研究》一书中就详细地论述了人口问题。他认为,一切动物——包括人类——增殖的基本原理首先是生殖,其次是食物,生殖赋予生存,食物则维持生存。动物数量的多少是存在着规律的,它要和土地提供的食物成比例。自然赋予生物的很强的生殖能力,使生物数量超过它与食物之间的比例关系。这样就会发生疾病等,夺去很多生命,减少人口数量。其结果,生存下来的人又会获得更多的食物,他们的生殖能力又会增强,使人口达到以前水平。斯图亚特认为,人的

① 《马克思恩格斯选集》第 4 卷,第 2 页。

生殖力如同载有重量的弹簧，它的伸张总是与阻力的增减成反比。当食物暂时没有减少时，生殖数量会尽可能提高；如果以后食物减少，弹簧被压得过重，生殖力就会弹到零点以下，人口至少将按照超重的比例减少。另一方面，如果食物增加了，在零点的弹簧就会随着阻力的减小而伸张；人们开始吃得较好，人口随之增加，食物就会按照人口增加的比例重新变为不足。斯图亚特的这些观点实际上为马尔萨斯所利用，成为他的著作的主题。

至于人口按几何级数增加，每25年就会翻一番，这一点富兰克林在18世纪中期就曾提出，他认为，美国人口增加很快，大约不到25年就增加一倍，马尔萨斯在谈到人口是按几何级数增加时，也是举美国为例。黑尔兹也估计到人口有按几何级数增加的趋势。

事实上，人口增殖在不同的社会时期总是受各种不同方式限制的。在原始社会，人口增殖是受生产力发展低下的限制；在奴隶时代，人口增殖受生产力不发展的制约和阶级限制，奴隶不能自由结婚和自由生育子女；在中世纪，农奴的婚姻也受阶级地位和宗教思想的制约；在资本主义制度下，人口增长则受失业和贫困的限制；在发达资本主义和社会主义时代，由于文教、医疗和科学技术的发展，人口增殖已逐步摆脱无政府状态，开始受到人们的自觉控制，虽然资本主义社会和社会主义社会的本质不同，资本主义国家推行的节制生育和社会主义国家进行的计划生育在性质上也有所不同。马克思和恩格斯早就预见到人口增殖受到控制是可能的。恩格斯在《政治经济学批判大纲》中在批判马尔萨斯观点的时候，认为社会主义革命“就能保证永远不再因人口过剩而恐惧不安”，即使要控制人口增长，社会主义也能教育群众，从道德上限制生殖本能。恩格斯在1881年致卡尔·考茨基的信中，从人口增长必须同物质资料相适应的观点出发，指出："人类数量增多到必须为其增长规定一个限度的这种抽象可能性当然是存在的。但是，如果说共产主义社会在将来某个时候不得不像已经对物的生产进行调整那样，同时也对人的生产进行调整，那么正是那个社会，而且只有那个社会才能毫无困难地做到这点。在这样的社会里，有计划地达到现在法国和下奥地利在自发的无计划的发展过程中产生的那种结果，在我看来，并不是那么困难的事情。"①

马尔萨斯所说的两个"公理"，抽象地说是存在的，人口按几何比率增长，在特定情况下，在个别地方，也是可能发生的。但马尔萨斯所探讨的是当时英国和欧洲的人口问题。他不是在当时英国和欧洲的现实中去寻找这个问题的答案，而是按照自己反对法国革命和社会改革论的心愿去寻找支撑点。因此，他不能正确地说明两性间的情欲和人口增殖问题，而只能按照神学家解答问题的方式，说这是上帝的意志决定的，不是人力所能左右的（见本书开端，特别是第十八、十九两章）。这种观点比近代资产阶级人口学家从人性说明问题更为落后与反动。

再讲生活资料增加。马尔萨斯说："在整个动物界和植物界，大自然极其慷慨大方地到处播撒生命的种子。但大自然在给予养育生命种子所必需的空间和营养方面，却一直较为吝啬。我们这个地球上的生命种子，若得到充足的食物和空间，经过几千年的繁

① 《马克思恩格斯全集》第35卷，第145页。

殖，会挤满几百万个地球。但贫困这一专横而无处不在的自然法则却可以把它们限制在规定的范围内。植物与动物都受制于这一伟大的限制性法则。”（见本书第8页）在第一版第二章中，马尔萨斯说：“现在让我们观察一下地球的任何一部分，比如这个岛国，看看它所提供的生活资料能以什么比率增加。我们且先观察该岛国在现有耕作状态下的情形。如果我假定，通过实施尽可能好的政策，通过开垦更多的土地，通过大规模鼓励农业，这个岛国的产量可以在第一个25年里增加一倍，那么我想，这便是所能作的最乐观的假设了。在第二个25年，绝不能假设产量会增加到原来的四倍，我们对土地性质的全部了解，不允许我们作这样的假设。我们所能想象的最大增加幅度，是第二个25年的增加额或许会与原产量相等。这无疑与实际情况相去甚远，但我们且把这看作是一条规则，也就是假定，通过作出巨大努力，本岛国每25年可以按最初的产量增加其总产量。即便是最富于激情的思辨家，也不能想象有比这更大的增加额了。以这样的幅度增长，要不了几百年，就会把这岛国的每一亩土地耕种得像菜园那样。”

马尔萨斯讲到食物生产时也离不开上帝对人类的赐予这一基本思想。同时，如马克思所指出，他还从前人的著作中窃取了土地肥力递减规律为自己的人口论安装了一个经济学和自然史的基础。马尔萨斯关于土地肥力递减规律的论述散见于《人口原理》第二版以后各版以及经济学著作中。这里仅就第一版中马尔萨斯的论述加以分析。

马尔萨斯在第一版谈到食物生产时仅提“自然法则”的支配。他没有对这个法则给予详细的解释，也没有提出“土地肥力递减规律”这一范畴。他只是说食物生产的增加与人口的增加相比是缓慢的，并以英国农业为例来指明，在最好的情况下，每25年也只能生产出与原生产额相等的生活资料，这就是说，土地生产力是有限的。但他没有从理论上加以论证，也没有用统计资料来证明。他的整个说明都是用“假设”、“假定”、“假想”的字眼。这表明，他虽然提出农业生产受“自然法则”支配，但还不了解这个“自然法则”是什么，土地生产力有限度在他的头脑中还只是一种臆想。所以，连后来信奉马尔萨斯主义的西方经济学家也认为马尔萨斯的人口理论“太简单化”、“太粗糙”。马尔萨斯本人在《人口原理》第二版的著者序中也承认，第一版“是由于偶然的冲动并根据我当时在乡村的环境中所能得到的少数材料而写成的”。马尔萨斯在写作第二版时，读到安特森在1777年至1796年出版的《农业与农村论》，在1799至1802年发表的《关于农业、自然史、艺术及各种问题的文录》，才歪曲地利用安特森的观点，较为明确地描述了土地肥力递减规律。在马尔萨斯写作第一版时，英国正处于农业变革时代，他看不到生产方式和科学技术的历史作用；后来他不能不承认农业科学技术的进步，但还是加以曲解。

马尔萨斯在《人口原理》第二版著者序中承认，他在第一版中提出的观点，前人如孟德斯鸠、富兰克林等都精心研究过，但他认为，人口增长与食物增长之间的对比还没有以足够的力量和准确性表述出来，特别是人口抑制还没有得到深入的探讨。在第一版中，马尔萨斯从两条“公理”出发对人口增长和食物增长之间的对比作出了如下论断：“设世界人口为任一数目，比如说十亿，则人口将按1、2、4、8、16、32、64、128、256、512这样的比率增加，而生活资料将按 1,2、3、4、5、6、7、8、9、10 这样的比率增加。225 年后，人口与生活资料之比将为 512 比 10,300 年后，人口与生活资料之比将为4 096比 13”。前已提及，马尔萨斯以美国为例来说明人口按几何级数增加，却避开当时欧洲大量移民到美国这一事实，而在谈到食物按算术级数增加时，则以英国为例，说这是根据有关土地性质的一切知识作出的判断。连许多西方学者都不得不承认这是站不住脚的。他强调人口的增加必然大大超过生活资料的增加，当时这一论断主要是针对西方先进资本主义国家的。但历史发展中出现的事实，证明了它是不正确的。如萨缪尔森在《经济学》中所指出:“1870 年以后，在大多数西方国家，以子女数目来衡量的家庭生育力开始下降，使其数值远在物的自然繁殖以下。”至于食物生产，美国在 1860 年，南北战争前夕，全国谷物产量为 600 亿斤，当时人口有3 144万，平均每人占有谷物1 600斤；到 1920 年，谷物生产达到2 400多亿斤，人口超过 1 亿人，平均每人占有谷物在2 000斤以上。我说这些并不是认为世界各国、特别是发展中国家的人口发展不存在问题。实际上许多国家在这方面都程度不同地存在着问题，但各国发生这些问题各有其社会和历史原因，绝不是马尔萨斯的两条“公理”发生作用的结果。

马尔萨斯从两条“公理”出发，引申出两个假设，接着他说:“人口没有生活资料便无法增加这一命题是极其明了的，无需再加以任何说明。只要有生活资料，人口便会增加，所有民族的历史已充分证明了这一点。占优势的人口增殖力若不产生贫困与罪恶便不会受到抑制，人们在人生经验中已饱尝了贫困与罪恶这两颗苦果，而且产生这两颗苦果的物质原因似乎仍在起作用，这些都为上述命题提供了令人信服的证据。”马尔萨斯认为他提出的三个命题是“无可辩驳的真理”。他在第一版第二章中论述了这三个命题之后，在第一版第三章至第七章中又企图从历史和当时英国的实际情况来证明这三个命题的“妥当性”。他把不同社会形态下发生的贫穷和罪恶统统归因于人口增加力超过生活资料增加力，并认为，由于自然通过贫穷和罪恶对人口增长加以抑制，使现实人口得与生活资料相平衡。

马尔萨斯在《人口原理》中用很大的篇幅论述了英国实行的济贫法。在第一版出版时，英国仍然根据1601年伊丽莎白女王颁布的济贫法，规定贫民应该在他出生的教区领取救济金。济贫法作这样的规定，是为了使当时被剥夺了土地的生产者不到处流浪，把他们束缚在一定的地区，供资本家雇用。18世纪下半期，在失业人数激增和面包价格上涨的情况下，旧济贫法已经不符合资产阶级利益。于是1795年开始在英国广泛实行斯干汉姆制度，规定根据面包价格上涨的比例，“每一个贫穷而勤勉的”人可以从济贫税中取得救济金。这一规定使资本家能够把一部分工资负担转嫁给纳税人，因此它实际上起了鼓励资本家降低工资的作用，结果使贫民数量更为增加。18世纪末产业后备军已经形成，资本家可以利用劳动市场。马尔萨斯在第一版第五章中认为，英国的济贫法往往使人口趋于增长，而养活人口的食物却不增加。穷人明知无力养家糊口，也要结婚。所以在某种程度上可以说，济贫法是供养穷人以创造穷人。他又认为，济贫院收容的人一般不能说是最有价值的社会成员，但他们消费的食物却会减少更为勤勉、更有价值的社会成员本应享有的食物，因而同样也会迫使更多的人依赖救济为生。他还认为，下层阶级的贫乏是根深蒂固的弊害，非人类智力所能疗治。他所提出的缓和办法，一是废除教区法，给予英国农民行动自由，使他们可以择居工作机会较多、劳动价格较高的地方，劳动市场自由，就可以使劳动价格降低；二是开发新地，增加农业，降低工资；三是设立济贫院，收容贫民。济贫院提供的饮食应该粗劣，其所收容的穷人凡能工作者都强迫工作。1834 年英国实行的新的济贫法，实际上采纳了马尔萨斯的主张。当时设立的习艺所，如恩格斯所指出："甚至监狱里一般的伙食也比这里好，因此，住习艺所的人为了能够进监狱，就常常故意犯一点罪。"[①]一句话，马尔萨斯的主张和济贫法立足于这样的思想，即：穷人没有被救济的权利。

第一版第八章至第十五章的内容，主要是批评孔多塞和葛德文的改革思想。孔多塞力图证明，人口增长超过生活资料增加所造成的贫困，在极遥远的将来才会发生。他又从理性和生理上说明人类可以不断改善和进步，人类生活会不断完善。马尔萨斯则极力论证他所提出的包括上述三个命题的自然法则是永恒不变的；即使在短期内会发生某些变化，但是自然法则的作用是永远不会消除的。

马尔萨斯说："葛德文先生在全书中所犯的一个重大错误，是将文明社会中几乎所有的罪恶和贫困都归咎于人类制度。在他看来，政治制度和现存财产制度是一切罪恶的重大根源，是使人类堕落的所有罪行的温床。"对此，马尔萨斯认为，使源泉污浊、使全部

① 《马克思恩格斯全集》第 2 卷，第 576 页。

人类生活的水流浑浊的原因是根基深固的；人类制度不过是漂浮在水面上的羽毛。（参见本书第 68 页）

马尔萨斯认为，葛德文所描绘的平等制度的社会“这个时刻绝不会到来。这一切不过是一场梦，一个美好的想象的幻影。这种幸福和永生的‘华丽的宫殿’，这种真理和美德的‘庄严的神殿’，如果我们了解实际生活，并细心观察人类在地球上的真正处境，它们就会像‘空中楼阁’一样消失。”（见本书第 68 页）在他看来，废除财产，实行婚姻自由，改善和提高人们的生活，势必激励人口增加；而在这一社会制度下，妨碍人口增长的贫穷与罪恶又假设已经消除，因此人口必然会以前所未有的速度增长起来，可是生活资料的生产总是有限的，所以即使建立起理想的平等社会制度，它也必然会很快趋于瓦解。“在短短 50 年中，使现在的社会状态堕落和阴暗的暴行、压迫、虚伪、苦难，各种可憎的罪恶以及各种形式的贫困，就会由各种最紧迫的事情、由人类的本性所固有而与一切人类制度毫无关系的法则再生出来。”（见本书第 73 页）

其实，在马尔萨斯之前，华莱士就说过，实行财产公有制，建立平等社会，暂时会消除贫困和罪恶，但最终会导致人口大量增加，使社会由于人口过剩而瓦解。唐森也曾认为财产公有制不可能消除因人口过剩而产生的贫困和罪恶。

马尔萨斯还根据其所制造的人口法则，断言工人的工资水平取决于人口数量。在本书第二章中，他认为一国的生活资料，恰好足够该国居民过安乐的生活。如果人口的增长超过生活资料的增加，劳动者的人数超过劳动市场所需求的比例，就必然会引起劳动价格下降和工人生活恶化，从而使工人生殖减少，人口增加停止。

这时，工资低廉，工人人数众多，工人为了维持自己的收入必须比过去加倍地努力工作，“直到生活资料和人口恢复最初的比例。此时劳动者的境况会有所好转，人口所受到的抑制会有所放松。劳动者生活境况的恶化与好转，就是这样周而复始地重演的。”(见本书第 13 页)后来这一理论又为资产阶级经济学家所沿袭并发展成为工资基金学说。

马尔萨斯《人口原理》初版的内容大体上就是这些。这本书是完全适应当时反对法国革命和社会改革思潮的需要而产生的，所以具有辩护性。就人口科学而言，我仍然认为，马克思和恩格斯对马尔萨斯人口理论的批判和有关如何正确对待人口问题的论述是颠扑不破的真理。

马尔萨斯的人口理论是把资本主义生产方式下造成的劳动群众的贫困和失业，说成是适用于人类社会各个历史时期的基于人性的普遍的人口规律发生作用的结果，反过来又用这个“人口规律”来证明资本主义私有制是永恒的人口规律发生作用而形成的最好制度，认为只有这种制度才能使人口增加受到自然的限制，才能改善人类的德性，使人类得到最适当的发展。这完全是错误的。

马克思主义认为，人口是人类历史和人类社会存在的前提，是社会生活和社会发展的一个重要条件。人口的数量和质量对社会发展具有重大影响，但不能成为社会发展的决定力量。马克思在谈到政治经济学研究方法时曾明确指出，政治经济学研究不能从作为全部社会生产行为的基础和主体的人口开始，“如果我抛开构成人口的阶级，人口就是一个抽象。如果我不知道这些阶级所依据的因素，如雇佣劳动、资本等等，阶级又是一句空话。而这些因素是以交换、分工、价格等等为前提的。”“因此，如果我从人口着手，那么这是整体的一个混沌的表象，经过更切近的规定之后，我就会在分析中达到越来越简单的概念；从表象中的具体达到越来越稀薄的抽象，直到我达到一些最简单的规定。于是行程又得从那里回过头来，直到我最后又回到人口，但是这回人口已不是一个整体的混沌表象，而是一个具有许多规定和关系的丰富的总体了。”[①]马克思在这里确切地说明，只有通过对特定的生产方式的分析，才能够最终解释人口问题。

马克思在手稿中写道：“不同的社会生产方式，有不同的人口增长规律和过剩人口增长规律；过剩人口同赤贫是一回事。这些不同的规律可以简单地归结为同生产条件发生关系的种种不同方式。”[②]这就是说，人口增长规律和过剩人口增长规律就是人口与生产条件相结合的方式。马克思这里所说的生产条件实际上是指生产方式中的两方面关系。所谓人口过剩，用马克思的话来说，就是赤贫。赤贫也就是人们失去了生产资料，只剩下活的劳动能力。

根据马克思对人口增长规律和过剩人口增长规律的解释，在前资本主义社会中，产生过剩人口并不是由于生产力方面的原因，而是由于“对生产条件的一定关系（所有制的形式）表现为生产力的预先存在的限制”。[③] 换句话说，在前资本主义社会中，生产资料所有制形式限制了生产力的发展，造成了过剩人口的增长。相反，在资本主义社会，生产力的发展是占有的基础，过剩人口的增

① 《马克思恩格斯全集》第 12 卷，第 750 页。

② 《马克思恩格斯全集》第 46 卷下册，第 104 页。

③ 同上书，第 105 页。

长是生产力发展的结果。马克思认为，无论人口增加和人口过剩都是由历史的生产方式决定的。

马尔萨斯把极其复杂和变化多端的人口问题，归结为简单的两个等式，一方面是人口的自然繁殖，一方面是植物（或生活资料）的自然繁殖，即把历史上不同的关系变成一种抽象的数学关系。对此，马克思给予了尖锐的批判。他指出，马尔萨斯的论调“纯粹是凭空捏造，既没有自然规律作根据，也没历史规律作根据。似乎在人的繁殖和例如谷物的繁殖之间应当存在着天然的差别。这个盲目模仿者同时还认为：人数的增长是纯自然过程，它需要外部的限制，障碍，才不致按几何级数发展下去。”[①]马克思强调，在人类历史上，人口是按照极不同的比例增加的，过剩人口同样是一种由历史决定的关系，“它并不是由数字或由生活资料的生产性的绝对界限决定的，而是由一定生产条件规定的界限决定的。”[②]马克思在这里十分清楚地告诉我们，必须从一定生产条件规定的界限，而不是按照自然繁殖的抽象数字去探讨人口增长和人口过剩问题。他还指出，“马尔萨斯愚蠢地把一定数量的人同一定数量的生活资料硬联系在一起。李嘉图当即正确地反驳他说，假如一个工人没有工作，现有的谷物数量就同他毫不相干，因而，决定是否把工人列入过剩人口范畴的，是雇佣资料，而不是生存资料。”[③]有的同志认为，在任何社会中，人口与生活资料或生产资料总存在着一定的比例关系，马尔萨斯的《人口原理》讲到这一比例关系，不无积极因

① 《马克思恩格斯全集》第46卷下册，第106页。

② 同上。

③ 同上书，第108页。

素。实际上,为马克思所指出,把极其复杂和变化多端的人口问题,归结为简单的两个等式是极端错误的。因为在原始社会以后,任何社会从来没有直接按人口分配生活资料或物质生产资料。人口只是作为劳动力以不同方式从社会取得生活资料,来维持自己和家庭人口的生活。其所取得的生活资料的数量也不决定于其家庭人口的多少,而决定于其所处的生产方式的性质以及劳动者在该生产方式中所处的地位。例如,在资本主义社会中,工人作为雇佣劳动者,只能以工资形式取得生活资料;工资的水平并不决定于工人家庭人口的多少,而决定于许多复杂因素。人们利用自然界生产出来的物质资料,必须经过生产关系总体中的各个环节,才能最终作为人们的消费资料。抽象这些经济环节和过程,离开社会生产方式,简单地谈论人口同生活资料和生产资料的比例,在理论和实践上都是错误和有害的。

从另一方面说,人口的生产和再生产并不是决定于一年中工农业生产出来的生活资料或工农业生产的总产品,因此,我们不能简单地寻找两种生产的等式或比例关系。人口状况完全取决于社会生产力发展水平以及同它相适应的特定的社会生产关系。马克思指出:“事实上,每一种特殊的、历史的生产方式都有其特殊的、历史地起作用的人口规律。抽象的人口规律只存在于历史上还没有受过人干涉的动植物界。”①人是生活在各种不同的、历史上更替着的社会生产方式中的,生活资料的生产和分配,两性的结合,人口的出生和死亡的状况,都受社会生产方式的制约和影响,因此

① 《马克思恩格斯全集》第 23 卷,第 692 页。

在不同生产方式中存在着不同的人口规律。马尔萨斯把人类社会和动物界等同起来，抽象地从人的情欲中引申出所谓永恒的自然的人口规律，显然是错误的。

事实上，马尔萨斯在《人口原理》中所描绘的贫困、失业和罪恶，不过是在资本主义生产方式下存在的特殊现象。当马尔萨斯大肆宣扬贫困和罪恶是人口增长超过生活资料增长所引起的时候，英国正处于社会生产力空前发展、社会财富增长大大超过人口增长的历史时期。马克思举出了1856年到1865年英国财富增长的实例，并指出当时英国国民中央注册局局长发出了这样一种胜利的欢呼："人口的增加固然迅速，但它赶不上工业和财富的增长。"[①]当时托利党人、英国国家活动家格莱斯顿也说："我国社会状况最令人感到忧虑的特点之一就是，国民的消费力在下降，工人阶级的困苦和贫穷在加剧，而与此同时，上层阶级的财富不断积累，资本不断增长。"[②]由此可以看出，被马尔萨斯当作抑制人口增长的因素的贫困和罪恶完全不是根源于人类本性的无法避免的现象，而纯粹是资本主义制度的产物。正如马克思所指出，资本适合它的剥削需要而调节着劳动力本身的生产，调节着它所需要剥削的人群的生产。马克思科学地揭示了资本主义生产方式怎样调节着人口的增殖和利用，指出了"工人人口本身在生产出资本积累的同时，也以日益扩大的规模生产出使他们自身成为相对过剩人口的手段。这就是资本主义生产方式所特有的人口规律"[③]，从而揭

① 转引自《马克思恩格斯全集》第23卷，第715页。

② 同上。

③ 同上书，第692页。

穿了马尔萨斯的“人口过剩”的神话。

马尔萨斯关于工资水平决定于工人人口数量的观点同样是不能成立的。首先，马尔萨斯所说的劳动基金即社会生活资料并不是一个不变的数量，社会生产力的发展，劳动生产率的提高，必然会使生活资料不断地增长。其次，工资数量不是直接取决于社会生产出来的生活资料的数量，而是取决于国民收入在资本家和工人之间的分配。第三，在资本主义制度下，工资水平是受相对过剩人口数量调节的。决定工资的一般变动，不是工人人口数量的变动，而是工人阶级分为现役军和后备军的比例的变动，是过剩人口相对量的增减，是过剩人口时而被吸收、时而又被游离的程度。

马尔萨斯的人口理论就其基本观点来说是错误的，但在他的《人口原理》出版之后，人口问题广泛地引起了人们的注意，人口学说逐渐发展成为一门独立科学（有的学者把它看作人口学的奠基作），因此这部著作在人口学说史上占有相当重要的地位，值得我们深入研究。

目　录

序……………………………………………………………… 1
第一章　……………………………………………………… 3
问题的提出——相互对立的两派严重对立，使这一问题几乎不能指望得到解决——否认人类和社会的可完善性这一基本论点，从未得到过圆满答复——人口会带来什么样的困难——概述本书的基本论点。
第二章　……………………………………………………… 9
人口和食物增加的比率是不同的——这两种不同的增加比率所带来的必然结果——由此而使社会下层阶级的生活境况经常发生摆动——这种摆动为何不像预期的那么明显——本书基本论点所依据的三个命题——根据这三个命题来考察人类迄今所经历的各种不同状态。
第三章　…………………………………………………… 17
简要回顾一下野蛮或狩猎状态——游牧状态或蹂躏罗马帝国的野蛮民族——人口增殖力大于生活资料的增长力——北迁大潮的原因。
第四章　…………………………………………………… 22

文明国家的状态——现在欧洲的人口也许比凯撒时代多得多——估算人口的最好尺度——休谟所提出的一个估算人口的尺度很可能是错误的——大多数欧洲国家当前的人口增长都很缓慢——对人口增长的两种主要抑制——结合英国的情况考察第一种抑制、即预防性抑制。

第五章 …………………………………………………………… 28

结合英国的情况考察第二种抑制、即积极的抑制——英国为穷人课征的巨额税款究竟为何没有改善穷人的生活境况——济贫法自身就趋于使其目的落空——减轻穷人痛苦的方法——根据我们本性的固定法则，要使社会下层阶级完全摆脱匮乏的压力是绝对不可能的——人口受到的所有抑制可以归并为贫困或罪恶。

第六章 …………………………………………………………… 39

新殖民地——那里的人口迅速增加的原因——北美殖民地——美洲腹部殖民地人口异常增加的实例——古老的国家也可以从战争、时疫、饥馑和自然灾害的破坏中迅速恢复过来。

第七章 …………………………………………………………… 44

导致流行病蔓延的一个可能的原因——苏斯米尔希先生编制的一些统计表的摘要——可以预料在某些情况下会周期性地流行疾病——任何国家短期内出生数与埋葬数的比例都不是衡量人口实际平均增长幅度的恰当尺度——衡量人口不断增长的最好尺度——生活非

常节俭是中国和印度发生饥馑的原因之一——皮特先生的济贫法案中有一条款具有有害倾向——促使人口增加的唯一适当的方法——国民幸福的原因——饥馑是自然抑制过剩人口的最不适当、最可怕的方式——可以认为三个命题已经确立。

第八章 …… 55

华莱士先生——一些人认为人口增加只有在遥远的未来才会带来困难,这种观点是错误的——孔多塞先生对人类理智的进步所作的概述——孔多塞先生所说的那种摆动何时适用于人类。

第九章 …… 60

孔多塞先生对人类有机体的可完善性和人类寿命的无限延长所作的推测——以动物的繁殖和植物的栽培为例,说明由界限不能确定的局部改善推论无止境的进步,是一个谬误。

第十章 …… 67

葛德文先生的平等制度——将人类的一切罪恶归因于人类制度是错误的——葛德文先生对人口增长带来的困难所作的第一个回答是很不全面的——假设葛德文先生的美好的平等制度是可以实现的——只是由于人口原理,这种制度就会在短短30年间完全垮台。

第十一章 …… 81

葛德文先生推测,两性之间的情欲将来会消失——这种推测没有明显的根据——性爱的激情同理性或美德并不矛盾。
第十二章 …………………………………………………… 85
葛德文先生推测人类寿命可以无限延长——用各种实例说明,根据精神刺激对人体的影响作出的推断是不恰当的——不以过去的一些迹象为根据的推测,不能认为是哲学推测——葛德文先生和孔多塞先生推测地球上的人类接近不死,这是怀疑主义的一个自相矛盾的难以理解的例子。
第十三章 …………………………………………………… 96
葛德文先生把人类看作是仅仅具有理性的动物,这是错误的——人是一种复合动物,情欲对于人类理智作出的决定将永远是一种干扰力量——葛德文先生有关强制问题的推理——某些真理按其性质来说无法由一个人传达给另一个人。
第十四章 …………………………………………………… 102
葛德文先生整部书的基础,是关于政治真理的五个命题,这五个命题是不成立的——我们何以能根据人口原理带来的苦难而认为,人间的罪恶和人类的道德弱点永远不会被根除——葛德文先生所说的尽善尽美不适用于人类——人类究竟能达到何种尽善尽美的境界。
第十五章 …………………………………………………… 108
模式过于完美,有时反倒阻碍改进,而不是促进改进——葛德文先生有关贪欲与浪费的论述——不可能把社会的必要劳动适当地分配给每一个人承担——嘲笑劳动在当前会产生恶，将来也不会带来善——农业劳动总量的增加，对劳动者来说永远都是好事。

第十六章 …………………………………………………… 117

亚当·斯密博士认为，社会收入或社会资本的每一次增加都会导致供养劳动者的基金增加，这种观点也许是错误的——在某些情况下，财富的增加丝毫无助于改善穷苦劳动者的境况——英国财富的增加，并未相应增加供养劳动者的基金——在中国，即使制造业使财富增加，穷人的境况也不会得到改善。

第十七章 …………………………………………………… 126

什么是一国财富的适当定义——法国经济学家认为所有制造业者都是非生产性劳动者，他们这样认为的理由是不成立的——工匠和制造业者的劳动虽然对国家来说不是生产性的，但对个人来说却完全是生产性的——普赖斯博士的著作中一段值得注意的话——普赖斯博士错误地认为，美国的幸福状态和人口的迅速增长主要是其特有的文明状态造成的——拒不承认社会改良道路上的困难毫无益处。

第十八章 …………………………………………………… 134

在人口原理的作用下，人类经常处于贫困的压力之下，由此而使我们寄希望于来世——受苦受难的状态不符合我们先知先觉的上帝的观念——现世也许是唤醒物质，使其转换为精神的一伟大过程——有关精神的形成的理论——肉体需要带来的刺激——一般法则带来的刺激——在人口原理的作用下生活困苦带来的刺激。

第十九章 …… 143

需要有人生的不幸来使人的心变软，变得富有人情味——在社会同情心的刺激下成长起来的人，往往要比仅仅具有才能的人高一级——也许需要道德上的恶来达到道德上的完善——大自然的无穷变化以及形而上学问题的晦涩难解，使人在智力上总是受到刺激——应根据这一原理来解释天启中叫人不好理解的地方——圣经中所包含的那些证据，也许最适于改进人体的机能和提高人的道德水平——精神产生于刺激这一观点，似乎可用来解释为什么存在着自然的恶和道德上的恶。

人口原理概观 …… 马尔萨斯 著 朱和中 译 152

序

有一次，同一个朋友谈到葛德文先生《研究者》一书中论述贪欲和奢侈的那篇文章，这便是本书的缘起。谈着谈着，便触及了社会的未来改善这一大问题。我最初坐下来拿起笔，只是因为感到交谈还未能尽意，想更清楚地向朋友表达自己的思想。但题目一展开，头脑中便涌现出一些以前从未想到的想法；由于觉得这一题目是大家极为感兴趣的，人们会真诚欢迎对此发表的每一哪怕是最微不足道的见解，于是便下决心把自己的思想整理成文，予以发表。

毫无疑问，若能收集到更多的事实来阐明主旨，则本书会比现在更加完善得多。但是由于杂事缠身，很长一段时间几乎完全中止了本书的写作，而我又不愿比原计划大大推迟出版日期（这也许是不慎重的），以致我未能专心致志地从事研究工作。但我认为，已引证的事实已在很大程度上证明了我关于人类未来改善的观点是正确的。我目前认为，证实我的观点只需作平易的陈述，并最简略地考察一下社会。

人口必然总是被压低至生活资料的水平，这是一条显而易见的真理，已被许多作家注意到了；但据我所知，迄今尚没有哪位作家仔细研究过这种水平究竟是如何形成的，而据我看，若不考察这一问题，便会极大地妨碍社会未来的改善。但愿在讨论这个令人感兴趣的问题时，激励我的只是对真理的热爱，而不是对某派人或某派意见抱有的偏见。要说明的是，我已阅读了一些有关社会未来改善的著作，我阅读这些书完全不是想要证明它们是空想，但我所养成的分析和理解能力也不允许我：为己所希望之事，即使无证据，也相信；为己所不乐闻之事，即使有证据，也拒绝接受。

我对人类生活的看法具有忧郁的色调，但我认为，我绘出这种暗淡的色彩，完全是因为现实中就有这种色彩，而不是因为我的眼光有偏见，或我生来性情忧郁。在我看来，本书末尾两章概述的有关人类精神的理论，令人满意地说明了生活中为什么会有那么多罪恶，但别人是否也这样认为，则要由读者来判断了。

倘若我能使更有才干的人注意到我所认为的妨碍社会改善的主要困难，并从而看到人们克服了这种困难，即便仅仅是在理论上克服了这种困难，那我会欣然撤回我现在的意见，而承认犯了错误。

1798 年 6 月 7 日

第一章

问题的提出——相互对立的两派严重对立，使这一问题几乎不能指望得到解决——否认人类和社会的可完善性这一基本论点，从未得到过圆满答复——人口会带来什么样的困难——概述本书的基本论点。

近年来，自然哲学方面伟大而意外的发现层出不穷，印刷术的普及加速了一般知识的传播，执著而不受约束的探索精神在整个知识界乃至非知识界空前盛行，新颖而奇特的政治见解把人搞得头晕目眩、目瞪口呆，尤其是政治领域发生的法国大革命，惊天动地，犹如一颗炽烈燃烧的彗星，看来注定要给地球上畏缩不前的居民注入新的生命与活力，或注定要把他们烧尽灭绝。所有这一切，使许多有识之士认为，我们正跨入一个充满了重大变革的时期，这些变革将在某种程度上决定人类的未来命运。

据说，当前争论的重大问题是，人类究竟是从此会以加速度不断前进，前景远大得不可想象呢，抑或注定要永远在幸福与灾难之间徘徊，作出种种努力后，仍然距离想要达到的目标无限遥远。

然而，尽管一切人类之友都渴望结束这种悬而未决的状态，尽管勤于探索的人热望得到每一道光亮帮助洞悉未来，可令人深感遗憾的是，就这一重大问题展开争论的双方，却彼此冷眼相视，看法大相径庭。他们从未心平气和地思考对方的论点，总是不着边际地争论不休，看来根本不可能在理论上取得一致意见。

现存秩序的辩护者往往把思辨哲学家一派看作是一群耍阴谋诡计的无赖，认为他们鼓吹乐善好施，描绘更为美好的社会图景，只不过是为了便于他们摧毁现存制度，便于实现其不可告人的目的，或者把他们看作是头脑有毛病的狂热分子，他们的愚妄想法和怪诞理论不值得任何有理性的人注意。

人类及社会可完善性的辩护者则不仅仅是以牙还牙，以眼还眼，而是以更为轻蔑的言词予以反击，指斥现存制度的辩护者为最可怜、最狭隘的偏见的奴隶，说他们由于受益于现存制度便为社会弊端辩护，说他们或是为了一己私利而自欺欺人，或是因智力低下，理解不了任何伟大而高尚的事物，他们目光短浅，根本容不得开明人士的见解。

在这种夹杂着谩骂的争论中，真理只会受到损害。争论各方真正的好论点得不到应有的重视。各方都固执己见，不愿从对手那里取长补短。

现秩序的盟友不分青红皂白地谴责一切政治思辨，甚至不肯屈尊思考一下社会可完善理论的基础，更不愿费力公平而不抱偏见地揭露其荒谬之处。

思辨哲学家同样在做损害真理的事情。他们的双眼只是盯着更美好的社会，用最迷人的色彩描绘这种社会将给人类带来的幸福，肆无忌惮地用最恶毒的语言谩骂一切现存制度，而不运用自己的才智想一想有没有铲除弊端的最好、最稳妥的方法，他们似乎没有意识到，即便在理论上也仍存在着一些巨大障碍，妨碍人类向自我完善的境地迈进。

哲学上一条公认的真理是，正确的理论要由实验来加以证明。可实际上却会出现许许多多阻力，许许多多意想不到的细小事情，就连知识最广博、最富有洞察力的人也几乎无法预见到它们，因而在极少数问题上，未经过经验检验的理论也可以宣称是正确的。但是，人们在尚未充分考察所有反对论点，尚未清晰而彻底地驳斥反对论点以前，却不能宣称一种未经检验的理论是有根据的，更不能宣称它是正确的。

我已看到了一些有关人类和社会可完善的理论。这些理论所描绘的诱人图景，使我颇感兴奋和愉快。我热望能实现这种给人带来幸福的改良。但据我看，改良的途中有一些巨大而不可克服的困难。本文就是要说明这些困难，但同时我得声明，虽然这些困难是击败革新派的因素之一，但我对此却丝毫不感到高兴，相反，我最大的快乐莫过于看到这些困难被完全消除。

我所要提出的最重要的论点，无疑并不是什么新论点。它所依据的原理在某种程度上已由休谟作了说明，并已由亚当·斯密博士作了更详尽的说明。华莱士先生也曾提出过这一论点，并把它应用于我们现在讨论的这一问题，尽管应用得也许并不是恰到好处，或并没有从最强有力的观点应用它。也许还有许多我不知道的著述家提出过这个论点。因此，假如已有人相当令人满意地回答了这一论点，那我肯定不会再提出它，即使我打算从另一种观点提出它，这种观点多少不同于我迄今所见到的观点。

人类可完善性的辩护者为何会忽略这一论点，不大容易说清楚。我不好怀疑诸如葛德文和孔多塞这样的人的才智，也不愿怀疑他们的真诚。在我以及也许大多数其他人看来，这种困难似乎是不可克服的。可是这些公认的才智超群、眼光锐利的人却不屑于注意它，坚持按自己的思路思考，热情丝毫不衰，信心丝毫不减。毫无疑问，我无权说他们故意紧闭双眼，不看这种论点。相反，如果这些人忽视它的话，则无论它的真实性给我留下多么深的印象，我都应怀疑其正确性。不过，必须承认，我们大家都非常容易犯错误。如果我看到有个人频频向另一个人敬酒，而后者却视而不见，那我很可能会认为他是个瞎子或太不懂礼貌了。然而更为公正合理的哲学却也许会告诫我，宁肯认为是我的眼睛欺骗了我，其实根本不像我想象的有敬酒那回事。

在讨论这一论点以前，我必须声明，我已排除了所有纯粹的假设，所谓纯粹的假设就是无法根据正确的哲学基础推论出的假设。某个著述家也许会对我说，他认为人类最终将变成鸵鸟。我无法适当地反驳他。不过，凡有理性的人都不会同意他的看法，除非他能证明人类的脖子在逐渐变长，嘴唇在逐渐变硬，愈来愈往前突，腿和脚的形状每天在变化，头发开始变成毛管。在能证明人类有可能发生如此奇异的变化以前，说他们变成鸵鸟会如何幸福，说他们能跑得飞得如何快，说他们将蔑视一切小里小气的奢侈品，而只采集生活必需品，因而每个人的劳动将减轻，每个人将享有充裕的闲暇，那肯定是白费时间，白费唇舌。

我认为，我可以正当地提出两条公理。

第一，食物为人类生存所必需。

第二，两性间的情欲是必然的，且几乎会保持现状。

这两条法则，自从我们对人类有所了解以来，似乎一直是有关人类本性的固定法则。既然迄今为止它们未发生任何变化，我们也就无权断言，于今日为然者，于将来当不为然，除非当初安排了宇宙秩序的神进行某种直接的干预，但眼下神为了创造物的利益，仍按照固定法则操纵着世间的一切。

据我所知，还没有哪个著述家设想过在这个地球上人类最终将能够不依靠食物而生存。但葛德文先生却推测说，两性间的情欲总有一天会被消除。不过，既然他声明，他著作的这一部分进入了推测的境地，所以我在这里对此不想多加评论，而只想说，支持人类可完善性的最好论据，是人类已摆脱了野蛮状态而取得了长足进步，且很难说这种进步会止于何处。但在消除两性间的情欲方面，迄今却尚未取得任何进展。两性间的情欲今天仍同两千年或四千年前一样强烈。现今同以往一样，也有个别的例外。但是，由于这种例外的数目似乎没有增加，因而，若仅仅从存在着例外就推论说例外最终将成为规则，规则最终将成为例外，则很显然，这种推论是很不讲究辩论的哲学方式的。

一旦接受了上述两项公理，我便可以说，人口的增殖力无限大于土地为人类生产生活资料的能力。

人口若不受到抑制，便会以几何比率增加，而生活资料却仅仅以算术比率增加。懂得一点算术的人都知道，同后者相比，前者的力量多么巨大。

根据食物为人类生活所必需这一有关人类本性的法则，必须使这两种不相等的能力保持相等。这意味着，获取生活资料的困难会经常对人口施加强有力的抑制。这种困难必然会在某地发生，必然会被很大一部分人口强烈地感受到。

在整个动物界和植物界，大自然极其慷慨大方地到处播撒生命的种子。但大自然在给予养育生命种子所必需的空间和营养方面，却一直较为吝啬。我们这个地球上的生命种子，若得到充足的食物和空间，经过几千年的繁殖，会挤满几百万个地球。但贫困这一专横而无处不在的自然法则却可以把它们限制在规定的范围内。植物与动物都受制于这一伟大的限制性法则。人类虽有理性，也不能逃避这一法则的制约。在植物和动物当中，自然法则表现为种子不发芽、害病和夭折；在人类当中，自然法则表现为苦难与罪恶。苦难是贫困的绝对必然的结果。罪恶也是贫困很可能会带来的后果，因而我们看到到处都有罪恶，但也许不应把罪恶称为贫困的绝对后果。可以通过磨砺道德，抵御一切罪恶的诱惑。

人口增殖力和土地生产力天然地不相等，而伟大的自然法则却必须不断使它们的作用保持相等，我认为，这便是阻碍社会自我完善的不可克服的巨大困难。与此相比，所有其他困难都是次要的，微不足道的。这一法则制约着整个生物界，我看不出人类如何能逃避这一法则的重压。任何空想出来的平等，任何大规模的土地调整，都不会消除这一法则的压力，甚至仅仅消除100年也不可能。所以，要使全体社会成员都过上快活悠闲的幸福生活，不为自己和家人的生活担忧，那是无论如何不可能的。

因此，如果我们的前提是正确的，则所得到的结论必然是否定全体人类的可完善性。

以上便是我所提及的论点的梗概，下面我还要仔细地加以考察。我想，经验，即一切知识的真正源泉和基础，将肯定会证实该论点的真实性。

第　二　章

人口和食物增加的比率是不同的——这两种不同的增加比率所带来的必然结果——由此而使社会下层阶级的生活境况经常发生摆动——这种摆动为何不像预期的那么明显——本书基本论点所依据的三个命题——根据这三个命题来考察人类迄今所经历的各种不同状态。

我在第一章说过，人口若不受到抑制，会按几何比率增加，而人类所需的生活资料则是按算术比率增加的。

让我们来考察一下这一观点是否正确。

我想，大家都会承认，迄今为止，还没有哪个国家（至少就有记载的国家来说）的风俗如此淳朴，生活资料如此充裕，以致早婚可以不受任何抑制——下层阶级不必为此担心家用不足，上层阶级也不必为此担心生活水平下降。因此，在我们所知道的无论哪一个国家，人口增殖力从未完全自由地发挥过作用。

无论有没有婚姻法，在天性与道德的驱使下，男人似乎总是倾向于及早爱上一个女子。即使择偶不成功而有重新选择的自由，这种自由只要不是毫无限制而极其不道德的，就不会对人口产生影响。况且在我们现在假设的社会中，人们几乎不知道罪恶为何物。

所以，如果在一个国家里，人人享有平等权利，道德风气良好，风俗淳朴，生活资料非常充足，无人为家人的生活担忧，人口增殖力可以不受抑制地发挥作用，那么，该国人口的增长速度就会大大超过迄今已知的人口增长速度。

同欧洲任何近代国家相比，美国的生活资料一直比较充裕，风俗较为淳朴，从而对早婚的抑制也较少。我们发现，该国的人口每 25 年翻一番。

这种增长率虽说还未达到最高的人口增殖力，却是实际观察到的结果，因而我将把它看作一条规则，即人口若不受到抑制，将会每 25 年增加一倍，或者说将以几何比率增加。

现在让我们观察一下地球的任何一部分，比如这个岛国，看看它所提供的生活资料能以什么比率增加。我们且先观察该岛国在现耕作状态下的情形。

如果我假定，通过实施尽可能好的政策，通过开垦更多的土地，通过大规模鼓励农业，这个岛国的产量可以在第一个 25 年里增加一倍，那么我想，这便是所能作的最乐观的假设了。

在第二个 25 年，绝不能假设产量会增加到原来的四倍，我们对土地性质的全部了解，不允许我们作这样的假设。我们所能想象的最大增加幅度，是第二个 25 年的增加额或许会与原产量相等。这无疑与实际情况相去甚远，但我们且把这看作是一条规则，也就是假定，通过作出巨大努力，本岛国每 25 年可以按最初的产量增加其总产量。即便是最富于激情的思辨家，也不能想象有比这更大的增加额了。以这样的幅度增长，要不了几百年，就会把这岛国的每一亩土地耕种得像菜园一样。

可是这种增加比率显然是算术比率。

所以，完全可以说，生活资料是按算术比率增加的。现在让我们把这种增加比率所带来的结果放在一起来看一看。

据计算，我国的人口约为 700 万。我们假设现有产量刚好能养活这么多人口。在第一个 25 年，人口将增加到1 400万，食物也将增加一倍，生活资料与人口的增加相等。在第二个 25 年，人口增加到2 800万，而生活资料仅能养活2 100万人口。在第三个 25 年，人口将增加到5 600万，而生活资料只能养活一半人口。在第一个 100 年结束时，人口将增加到11 200万，而生活资料只能养活3 500万人口，剩下的7 700万人口将得不到任何生活资料。

若有大量人口从一国移居国外，则可以肯定，该国发生了某种不幸的事情。因为，除非原居住国使人实在不能安居乐业，或移住国有可能给人带来巨大好处，否则，很少有人会离弃他们的家族、亲戚、朋友和故土，去异国他乡定居。

为了使我们的论点更具普遍性，较少受移居现象的影响，让我们来考察整个世界而不是一个地区的情况。假设人口增长所受到的抑制已被完全消除。假设地球为人类提供的生活资料每 25 年增加一定数量，增加额等于目前整个世界的产量。这一假设无异于承认土地的生产力是绝对无限的，而且这种增长率要远远大于我们所能想象的人类努力使生活资料能够达到的增长率。

设世界人口为任一数目，比如说十亿，则人口将按 1、2、4、8、16、32、64、128、256、512 这样的比率增加，而生活资料将按 1、2、3、4、5、6、7、8、9、10 这样的比率增加。225 年后，人口与生活资料之比将为 512 比 10，300 年后，人口与生活资料之比将为4 096比 13，两千年后，两者的差距将大得几乎无法加以计算，尽管到那时产量已增至极高的水平。

若不对土地的产量施加任何限制，则土地产量会不断增加，超过人们所能指出的任何数量；然而人口增殖力仍然占据着优势，要使人口的增长与生活资料的增长保持平衡，只能依靠强有力的自然法则不断发挥作用，抑制较强大的人口增殖力。

下面我们就来考察这种抑制所起的作用。

就植物和动物来说，情况很简单。它们受强大的本能驱使而繁衍自己的物种，这种本能不受理性的妨碍，或者说不会因为担心其后代的生活而受到妨碍。因此，由于不受妨碍，繁殖力便得以充分发挥，随后其所造成的过分结果又因空间与营养的缺乏而受到抑制，这在动物和植物中是共同的；而在动物中还要受到相互蚕食的抑制。

这种抑制对人类所起的作用则较为复杂。人受同样强大的本能驱使而繁衍自己的种族，但理性却出面加以干预，向他提出这样的问题，即若无力供养子女，是否可以不生育。在平等状态下，问题也许就是这么简单。但在目前的社会状态下，人们还会考虑另外一些问题。若生育孩子，生活地位是否会降低？生活是否会遇到比现在更多的困难？是否要更卖力地干活？若家庭人口很多，尽最大努力能否养活他们？是否会眼看着子女受冻挨饿而自己又无能为力？是否会陷于不能自食其力的贫困境地而不得不依靠他人施舍过活？

据认为，在所有文明国家，正是这些考虑会阻止而且也确实阻止了许许多多人遵从及早爱上一个女子的自然命令。这种限制即使不是绝对会、也几乎必然会产生罪恶。不过，在所有社会，甚至在最放纵邪恶的社会，合乎道德地爱慕一个女子的倾向总是十分强烈，以致人口会不断增加。人口的不断增加使社会下层阶级陷于贫困，使他们的境况永远也得不到明显的改善。

假设某个国家的生产资料，刚好足以使该国居民过安乐生活。在即使是最放纵邪恶的社会中也可见到的增加人口的不断努力，会使人口的增加超过生活资料的增加。因此，以前养活 700 万人口的食物，现在必须在 750 万或 800 万人口之间分配。结果，穷人的生活必然大大恶化，许多穷人必然陷于极为悲惨的境地。由于劳动者的人数也多于市场所能提供的工作机会，劳动的价格必然趋于下降，与此同时食物的价格则趋于上升。所以，劳动者要挣得和以前同样多的工资，就得更卖力地工作。在这种艰苦时期，结婚会受到严重阻碍，养家糊口也难上加难，以致人口处于停滞状态。在此期间，劳动价格低廉，劳动者人数充裕，劳动者不得不更勤勉地工作，这些会鼓励耕作者向土地投入更多的劳动，鼓励他们开垦新土地，对已耕种的土地施用更多的肥料，进行更全面的改良，直到生活资料和人口恢复最初的比例。此时劳动者的境况会有所好转，人口所受到的抑制会有所放松。劳动者生活境况的恶化与好转，就是这样周而复始地重演的。

这种摆动不会被肤浅的观察者注意到，而且即便是眼光最为锐利的观察家也很难估计出这种摆动的周期。然而，凡是善于思考而又深入研究过这一问题的人都不怀疑，在所有古老的国家，确实存在这样的摆动，尽管由于相反因素的作用，摆动的幅度要比我的描述小得多，不规则得多。

这种摆动之所以不像预期的那么明显，之所以不那么容易被经验所证实，原因很多。

一个主要原因是，我们所掌握的人类历史，仅仅是关于上层阶级的历史，而上面所说的那种摆动却主要发生在另一部分人身上。关于这些人的风俗习惯，几乎没有可靠的记载。要令人满意地记录下一个民族在一段时期内的这方面的历史，需要善于观察的人花费一生很长一段时间，作不间断的细致观察与研究。研究内容包括：成年人数与结婚人数具有什么样的比例；限制结婚会使邪恶的风气盛行到什么程度；社会上最贫穷的阶级与生活较优裕的阶级相比较，具有怎样的儿童死亡率；劳动的实际价格是如何变动的；在某一时期的不同时间，社会下层阶级的安乐与幸福会发生怎样可以观察到的变化。

这样一部历史非常有助于说明经常性的抑制是如何影响人口的，并有可能证明上述那种摆动的存在，尽管由于有许多因素起干扰作用，摆动的节奏也许是不规则的。这些因素包括：某些制造业兴起或衰落，农业企业精神增强或减弱，年成好或坏，爆发战争，流行时疫，实施济贫法，发明出减少劳动的方法而劳动市场却并未相应扩大，特别是劳动的名义价格与实际价格发生差异，这种差异也许比任何其他因素更容易掩盖劳动者生活境况的变动。

劳动的名义价格很少普遍下降，可是我们经常看到，当食物的名义价格逐渐上升时，劳动的名义价格却往往保持不变。这实际上就使劳动的价格降低了，在此期间，社会下层阶级的生活境况必然趋于恶化。但劳动价格的实际降低，却使农场主和资本家愈来愈富。资本的增加使他们可以雇用更多的人手。所以工作机会增多，劳动价格因而会上升。但是，在所有社会中，劳动市场上都或多或少地缺少自由（这要么是教区法造成的，要么是富人容易联合而穷人不容易联合这一更普遍的因素造成的），这会阻止劳动价格上升，使其下降趋势保持较长时间；也许一直要等到荒年，要求提高劳动价格的呼声太高时，才不得不提高劳动价格。

劳动价格上升的真正原因就这样被掩盖了。富人们以为，他们提高劳动价格乃是在荒年对穷人表示的同情和给予的恩惠。一旦年成转好，他们便竞相抱怨劳动价格未回落，尽管他们只需稍微想一想，就会明白，若不是他们联合起来压低劳动价格，劳动价格本来早就会上升的。

但是，虽说富人通过不正当的联合常常可以延长穷人受苦的时间，可是却没有哪一种社会形态能在不平等的国度避免大部分人经常陷于贫困，或能在平等的国度避免所有的人经常陷于贫困。

这一观点的真实性所依据的理论，在我看来是不言自明的，所以我觉得无法否认该理论的任何组成部分。

人口没有生活资料便无法增加这一命题是极其明了的，无需再加以任何说明。

只要有生活资料，人口便会增加，所有民族的历史已充分证明了这一点。

占优势的人口增殖力若不产生贫困与罪恶便不会受到抑制，人们在人生经验中已饱尝了贫困和罪恶这两颗苦果，而且产生这两颗苦果的物质原因似乎仍在起作用，这些都为上述命题提供了令人信服的证据。

但是，为了更充分地证实这三个命题的正确性，让我们考察一下人类迄今所经历的各种不同状态。我想，只需粗略地加以考察，便足以使我们相信，这些命题是颠扑不破的真理。

第　三　章

简要回顾一下野蛮或狩猎状态——游牧状态或蹂躏罗马帝国的野蛮民族——人口增殖力大于生活资料的增长力——北迁大潮的原因。

在人类最为原始的状态下，狩猎是主要的职业，是获取食物的唯一方法。生活资料散布于广大地区，人口相对而言必然是稀少的。据说，北美印第安人两性间的情欲比任何其他种族都弱。然而，尽管情欲较弱，北美印第安人的增殖力似乎依然总是大于生活资料的增长力。任何印第安人的部落只要定居在土壤肥沃的地方，有了比狩猎更为丰富的营养来源，人口就会较为迅速地增加，人们常常可以看到，当某个印第安人家庭居住在欧洲人的居留地附近，采取较为舒适和文明的生活方式时，一个女人会生育五六个或更多孩子，尽管在野蛮状态下，每个家庭往往只有一两个孩子能长大成人。好望角附近的霍屯督族人也是这样。以上事实证明，狩猎民族的人口增殖力要大于生活资料的增长力，这种增殖力一旦能自由地发挥作用，便会顽强地表现出来。

尚待研究的是，能否在不产生罪恶或贫困的条件下，抑制人口增殖力，使人口与生活资料保持平衡。

北美的印第安人，作为一个民族而言，绝不能说是自由平等的。关于他们以及关于大多数未开化民族的记载都表明，妇女对于男人要比文明国家内穷人对于富人，更完全地处于奴隶状态。一半国民就像是另一半国民的奴隶，对人口产生抑制作用的贫困照例主要是落在社会最下层阶级的身上。即便是在最原始的状态下，婴儿也是需要细心照看的，但印第安妇女却不能给予这种照看，她们命中注定要经常迁徙，遭受种种不便与困苦，命中注定要手脚不停地干各种苦活，为暴虐的丈夫预备好一切。她们有时在怀孕期间有时背负着孩子从事这些繁重的劳动，必然经常造成流产，而且，除了最强壮的孩子，其他孩子都难以被抚养成人。妇女除了遭受上述苦难外，还得加上野蛮人之间连绵不断的战争，以及她们为了干活而不得不遗弃年老无助的父母，从而违背最基本的自然感情，在整个这幅图画中都少不了贫困这一阴影。估计未开化民族生活的幸福程度时，我们的眼睛不应只是盯着年富力强的士兵，因为一百个人当中才有一个士兵，他是绅士，是财主，是幸运儿，不知经过多少努力，才产生了这么一个幸运儿，守护神使他免遭无数危险，平安地长大成人。对两个国家进行比较时，须比较两个国家中最为近似的阶层，这才是真正的比较。因此，年富力强的士兵应与绅士相比较，妇女儿童老人应与文明国家的下层阶级相比较。

根据以上简短的考察，更确切地说，根据狩猎民族的历史，我们完全可以推论说，由于缺乏食物，狩猎民族的人口是稀少的，如果食物增加，人口会立即增加，暂且撇开野蛮人中间的罪恶不谈，正是贫困抑制了较强的人口增殖力，使人口与生活资料保持相等。

实际的观察与经验告诉我们，除少数地区和少数暂时情况外，这种抑制目前对所有未开化民族都是起作用的，同时我们的理论表明，这种抑制所具有的力量一千年以前同现在一样大，而一千年以后也不会比现在大多少。

关于人类进化的第二阶段即游牧民族的风俗习惯，我们所知道的情况比对未开化民族的了解还要少。但欧洲各国以及世界上所有最富有国家的历史都充分证明，游牧民族也不能逃脱生活资料匮乏造成的贫困这一普遍命运。生活资料匮乏像一根鞭子驱使西徐亚牧民离开原来的居住地，像成群结队的饿狼一样四处寻找食物。受这一强大因素的驱使，野蛮人宛如乌云从北半球各地集拢在一起，滚滚南移，搅得天昏地暗，最后遮蔽了意大利的太阳，使整个世界陷于黑暗。这些可怕的后果长期而严重地影响了世界上所有最富饶美丽的地方。追根溯源，造成这种情况的原因很简单，即人口增殖力大于生活资料的增长力。

众所周知，游牧国所能养活的人口不如农业国所能养活的人口多，但游牧民族却非常可怕，因为他们具有集体迁徙的能力，而且常常不得不运用这种能力为畜群寻找新牧场。拥有大群牲畜的部落，眼前的食物总是很充足。在绝对必要时，甚至可以吃掉母畜。因而游牧民族的妇女要比狩猎民族的妇女生活得好。男子因团结协作而强悍勇猛，自信有力量通过迁徙为畜群找到牧场，也许很少为养家糊口担心发愁。这些因素合在一起，很快就产生了自然而不可避免的结果，即人口日益膨胀。于是便不得不更为经常和迅速地迁徙。愈来愈广阔的地区被相继占领，他们周围的荒地也日益扩大。匮乏折磨着该社会中不幸的成员，直到最后无法养活全体社会成员这一事实变得如此明显，谁也无法加以否认。于是年轻人被逼着离开原来的部落，去开辟新的疆土，靠手中的利剑为自己获得更好的地盘。“整个世界任凭他们驰骋。”这些胆大妄为的冒险家由于眼前的困苦而躁动不安，心中充满了对美好未来的憧憬，跃跃欲试，气势汹汹地要征服所有与其为敌的人。所到之处，若是和平安宁的国家，他们便长驱直入。若遇到与其相类似的部落，便进行一场你死我活的厮杀，他们拼死作战的勇气来源于这样一种见解：死是对战败的惩罚，生是对胜利的奖励。

这种残酷的斗争，肯定使许多部落灭绝。还有一些部落很可能由于困苦和饥馑而自行灭亡了。另一些部落则在其头领较为正确的领导下，日益强大，继而又派遣新的冒险者寻求更为富饶的地盘。这种为争夺地盘和食物而进行的不间断斗争，消耗了大量生命，但强大的人口增殖力却对此作了超量的补充，经常不断的迁徙使人口增殖力在某种程度上得以毫无阻碍地发挥作用。迁居南方的部落虽说是通过连续不断的战争才占领了这些较为富庶的地区，但由于生活资料增多，人口和实力却迅速增加。到后来，从中国边境到波罗的海沿岸的广大地区，便被许多勇猛强悍、富于冒险精神而又耐劳好战的野蛮人部落所占据。一些部落保持了自己的独立地位。另一些部落则归属于某个蛮族酋长的麾下，这个酋长带领它们从胜利走向胜利，尤为重要的是把它们带到了盛产小麦、美酒和油料作物的地区，这些正是它们梦寐以求的东西，是对其辛劳的最好奖赏。阿拉里克、阿提拉、成吉思汗及其周围的大臣们，也许是为了荣誉，为了赢得大征服者的名声而征战不息，但导致北方未开化民族大迁徙，推动他们在不同时期挥师南下，侵扰中国、波斯、意大利乃至埃及的真正原因，却是食物的匮乏，人口的增长超过了生活资料的增加。

某一时期的绝对人口相对于领土面积而言，绝不会很大，因为总有某些被占领的地区是不毛之地；但人口的代谢却似乎极为迅速，一些人被战争或饥馑所消灭，更多的人会立即填补其位置。这些胆大妄为、无所顾忌的野蛮人，同现代人相比，也许很少担心未来的生活，因而其人口也就不受这方面的抑制。野蛮人从性格上说，天生就是无忧无虑的，除此之外，他们普遍盼望着迁徙能改善其处境，总是期待着掠夺，贫困时，甚至有权卖儿卖女给人做奴隶，所有这些均促进了人口的增加，然后再由饥馑或战争来加以抑制。

哪里的经济状况不平等（游牧民族中很快就出现了这种不平等），哪里的食物匮乏所带来的苦难就必然最沉重地落在最为不幸的社会成员身上。妇女也必然常常会感受到这种苦难，丈夫不在家时，她们常会被人掳掠走，盼望丈夫归家的希望总是落空。

我们不太了解游牧民族的详尽的历史，不能确切指出食物匮乏所带来的苦难主要落在哪一部分人身上，也不能确切说出全体社会成员在多大程度上感受到了这种苦难，但我认为，根据现有的关于游牧民族的记载，完全可以说，每当迁徙或其他原因使生活资料增加时，游牧民族的人口就会增加，随后贫困和罪恶又会抑制人口的进一步增加，使人口的实际增长与生活资料的增加保持一致。

在游牧民族中，盛行着有关妇女的种种恶习，这必然会抑制人口的增加，撇开这点不谈，我认为必须承认，发动战争是一种罪恶，是贫困造成的结果，而且谁也不会怀疑，这种贫困是由食物匮乏造成的。

第四章

文明国家的状态——现在欧洲的人口也许比凯撒时代多得多——估算人口的最好尺度——休谟所提出的一个估算人口的尺度很可能是错误的——大多数欧洲国家当前的人口增长都很缓慢——对人口增长的两种主要抑制——结合英国的情况考察第一种抑制、即预防性抑制。

接下来人类进入了畜牧和耕种混合的状态，现今大多数文明国家仍处于这一状态，虽然两者相互混合的比例各国有所不同。因而考察这种状态时，我们可以得助于日常所见、实际经验和每个人所能观察到的事实。

凡是有思想的人都毫不怀疑，法国、英国、德国、俄国、波兰、瑞典以及丹麦等三要欧洲国家的人口现在要比过去多得多。某些古代历史学家的夸张是不足信的。他们予以夸张的原因显然是，即便是人口稀少的国家，当其人口聚集起来一块迁移寻找新地盘时，也会显得很庞大可怕。除了这种庞大可怕的外表外，类似的迁移还每隔一段时间就发生一次，所以无怪乎南方弱小的国家认为北方有非常稠密的人口。通过现今较为直接和正确地考察这一问题，我们知道，这种推论是荒唐可笑的，就如同我国的某个人在路上经常看到有人从威尔士和北方把牲畜赶到南方来，便立即断言这些地方是我国最富庶的地区那样荒唐可笑。

现今欧洲大多数国家的人口之所以比过去多，其原因是这些国家的人民辛勤劳作，生产出了更多的生活资料。因为我认为，一个不容争辩的命题是，若一国的领土足够大，无需输出和输入产品，则即便奢侈与节俭的习惯并非一成不变，该国的人口也会与土地生产出的食物保持不变的比例。在争论古代和现代国家的人口孰多孰少时，假如能明确断言，有关国家的平均产量总起来说现在要多于凯撒时代，那么问题也就迎刃而解了。

如果我们能肯定，中国的土地是世界上最肥沃的，几乎全部土地都已被耕种，大部分土地每年收获两次，人民生活得很节俭，则我们就可以十分有把握地推断说，中国的人口肯定非常多，而用不着再费心去考察中国下层阶级的风俗习惯和早婚所受到的鼓励。不过，这种考察是极其重要的，详尽了解中国下层阶级的风俗习惯，非常有助于我们弄清抑制性因素是如何阻止人口进一步增长的，究竟是哪些罪恶、哪些苦难阻止了人口的增长超过土地的供养能力。

休谟曾撰文讨论古代国家和现代国家人口的多寡。虽然在研究这一问题的人中，他最不可能被表面现象所欺骗，但我却要怀着深深的疑虑发表与他不同的观点。正如休谟所说，他在文章中把有关原因的研究与有关事实的研究结合在了一起，可他却似乎没有表现出他通常所具有的那种洞察力，未认识到他所列举的原因中有些并不能使他对古代国家的实际人口作出任何判断，即使能从中作出任何推论，恐怕也会得出与休谟正好相反的结论。如果我们发现古代历史上的某一时期，鼓励成家的风气很盛，因而早婚风行,独身的人很少,则可以十分有把握地推论说,当时人口正在迅速增加,但绝不能推论说,当时人口实际上已经很庞大;相反,而应推论说,人口很稀少,尚有多余的地盘和食物可用来供养更多的人口。另一方面,如果我们发现该时期养家糊口很困难,因而很少有人早婚,很多男女独身,则可以十分有把握地推论说,当时人口处于停滞状态,也许实际人口相对于土地肥力来说已很庞大,几乎没有多余的地盘和食物来供养更多的人口。现代国家有许多男仆、女仆和其他人不结婚,休谟认为这证明这些国家的人口很稀少。我却由此而得出了相反的推论,认为这证明这些国家的人口已很稠密。不过,我的推论也不可靠,因为有些人口稀少的国家,人口却处于停滞状态。所以,正确的说法也许是,同一国家或不同国家在不同时期独身人口与总人口之比,可以告诉我们人口在这些时期是在增加,还是在减少,还是处于停滞状态,但我们却不能据此来断定实际有多少人口。

不过,大多数有关中国的书籍所记载的一件事情,却似乎很难与上述推理协调一致。据说,中国各个阶层的人都普遍盛行早婚。可是,亚当·斯密博士却认为中国的人口处于停滞状态。这两件事情似乎是不可调和的。中国的人口确实不可能在迅速增加。中国的每亩土地都已被耕种了很长很长时间,很难想象土地的平均产量每年还能有很大增长。盛行早婚的事也许并不那么确切。如果早婚确实很盛行,则就我们现在对这一问题的了解而言,似乎只能这样来解释上述矛盾,即:盛行早婚必然造成的人口过剩,肯定受到了不时发生的饥荒和弃婴习惯的抑制,弃婴现象在荒年也许是很普遍的,是欧洲人所无法想象的。关于这种野蛮的习惯,我们不能不说,要证明食物匮乏给人类带来的苦难,最有力的证明莫过于,连这种最违反人类自然感情的习惯竟然也能在人间见到。这种习惯在古代似乎很盛行,似乎确实颇有助于减少人口。

看一下现代欧洲各主要国家的情况,就会发现,虽然这些国家自成为畜牧国家以来人口已有很大增长,但当前人口的增长却较为缓慢,要使人口增长一倍,25 年的时间已经不够,现在要三四百年以上的时间人口才能增长一倍。实际上,有些国家的人口处于绝对停滞状态,而另一些国家的人口甚至在减少。人口增长缓慢的原因,不能归结为两性间情欲的衰退。我们有充足理由认为,这种自然倾向同以前一样强烈。那么它为什么没有使人口迅速增加呢?仔细看一下欧洲任何一个国家的社会状况(随便哪一国都可以代表所有国家),就可以回答这一问题了。答案是,预防性的抑制和积极的抑制,阻止了人口的自然增长。所谓预防性的抑制,是指人们对养家糊口的忧虑,所谓积极的抑制,是指一些下层阶级实际所处的困难境地,使他们不能给予子女以应有的食物和照料。

英国是欧洲最繁荣兴旺的国家之一,可以拿它作为例子。对它的评论,只需稍加修改,便适用于任何一个人口增长缓慢的国家。

预防性抑制在某种程度上似乎影响着英国的所有社会阶层。甚至一些社会地位很高的人,想到成家后须节俭度日,须放弃自己喜爱的快乐生活,也会因此而不娶妻。当然,在上层阶级中,这种考虑是微不足道的,但我们所考察的社会阶层愈低下,这种对未来生活的忧虑也就愈大。

一个受过普通教育而收入仅足以使其列入绅士阶层的男子,

肯定会感到，如果结婚成家，则他出入社交界时，将不得不与中等农场主和下等商人为伍。受过教育的男子自然会选择与自己有相同的旨趣和感情、有共同熟悉的社交圈子的女子为妻，可婚后由于社会地位下降，妻子却不得不出入和以前完全不同的社交圈子。一个男人忍心让自己心爱的人过与她的旨趣性情迥然不同的生活吗？他正好处在社会阶梯的转弯处，再往下退两三步，便从知识阶层降到了愚昧无知的人当中，在大多数人看来，这并非虚构出来的苦难，而是实实在在的灭顶之灾。要想使社会交往令人满意，人与人的交往就必须是自由的、平等的、互利的，即相互间有来有往，而不是像食客与主人或富人与穷人那样的关系。

毫无疑问，这种种考虑使该阶层的许多人不能遵从早恋的自然倾向。另一些人则由于情欲较强或判断力较弱，而冲破了这些限制。这也许是确实无疑的，如果从像纯洁的爱情这样甜蜜的情欲中获得的乐趣大于随之而来的痛苦的话。不过有时并非如此。但我认为必须承认，这种婚姻带来的较为一般的结果，不是抑制了谨慎者的远见，而是证明了谨慎者的远见是有道理的。

商人子弟和农家子弟常被劝告不要急于结婚，当他们在商业或农业上未谋到能养家糊口的固定职业前，他们也往往觉得有必要遵从这一劝告。要做到自立，非得达到一定岁数不可。在英国，人们普遍抱怨缺少农场，各行各业的竞争也极为激烈，因而并非所有的人都有可能获得成功。

每天挣 18 便士的劳动者，独自一人生活也许还很舒服，若要把这点仅够一人用的钱分给四五个人用，他就不免会有所踌躇了。为了和自己所爱的人共同生活，他得过苦日子，得更卖力地干活，而且只要他稍稍动一下脑子，他肯定还会意识到，假如他生育很多儿女或随便遭到什么不幸，则他无论怎样节俭，无论怎样卖力干活，也将难免不心疼地看到孩子们挨饿，或不得不丧失自立地位，靠教区的救济为生。每个男子无疑都喜欢自立，害怕丧失自立能力，这是一种很自然的感情。但我们却不得不承认，英国的教区法比其他任何国家的教区法都更有损于这种感情，其目的是逐渐削弱这种感情，以致最后完全磨灭这种感情。

生活在绅士家里的仆役，会遇到更坚固、更难以冲破的对贸然结婚的限制。他们几乎享有和主人同样充裕的生活必需品和舒适安逸的生活。与劳动阶级相比，他们的工作轻松，食物精美。他们觉得不称心时，可以调换人家，因而依附感并不那么强烈。生活过得这么舒服，结婚以后的情景又会怎样呢？他们没有经营商业或农业的知识和资本，也不习惯于从事经营活动，因而无法靠日常劳动为生，唯一的避难所似乎就是破烂肮脏的小酒馆，这对未来的生活来说，肯定不是十分诱人的前景。所以，这种黯淡的生活前景会使很多仆人畏缩不前，满足于继续过独身生活。

如果以上有关英国社会状况的简要描述基本上是真实的（我认为我并未作什么夸张），那就得承认，在这个国家中，对人口的这种预防性抑制，以不同的程度影响着所有社会阶级。一切古老国家的情况都是如此。实际上，这种对婚姻的限制的不良后果十分明显，它使得几乎世界各地都出现了卖淫现象，卖淫不断地使两性都陷入到无法解脱的不幸中去。

第五章

结合英国的情况考察第二种抑制、即积极的抑制——英国为穷人课征的巨额税款究竟为何没有改善穷人的生活境况——济贫法自身就趋于使其目的落空——减轻穷人痛苦的方法——根据我们本性的固定法则，要使社会下层阶级完全摆脱匮乏的压力是绝对不可能的——人口受到的所有抑制可以归并为贫困或罪恶。

所谓积极的抑制，是指已经开始增长的人口所受到的抑制，主要是(尽管也许不完全是)最下层社会所受到的抑制。对于一般人来说，这种抑制不像前面提到的另一种抑制那么明显。要说明这种抑制的强度和范围，我们现在拥有的资料尚嫌不足。但我认为，凡注意到死亡表的人一般都会承认，每年死亡的儿童中，有很大一部分是由于父母不能给予充足的食物和适当的照料造成的，这些儿童有时甚至还会遭受非常严重的苦难，也许不得不居住在不卫生的环境中并干很重的活儿。在所有城市中，都总是可以看到穷人家的孩子大量死亡。农村的情况当然没有这么严重，但既然迄今人们尚未充分研究过这一问题，所以谁也不能说，农村穷人家儿童的死亡率，不比城市中、上等阶级家庭的儿童的死亡率高。我们确实很难想象，一个有六个孩子的农村劳动者的妻子养活六个孩子，常常极度缺乏食物，竟还总是能够给予孩子维持他们生命所必需的食物和照料。在现实生活中，农家儿女并不像小说所描写的那样，是红颜小天使。居住在农村的人会告诉我们，农家子弟的发育往往受到阻碍，成熟得很晚。看起来十四五岁的孩子，一问往往已十八九岁了。扶犁耕地当然应该说是有益于健康的，但你却很少看到扶犁的小伙子有腿肚子，这只能归因于缺少适当的或充足的营养。

为了减轻普通人所经常陷入的这种困苦，英国颁布了济贫法。然而，济贫法虽说也许减轻了一点个人的不幸，但恐怕却使比以前多得多的人遭到了不幸。英国每年为穷人征收巨额税款，但穷人的痛苦却依然如旧，这个问题常常引起争论，人们提及此事，总是感到大惑不解。有人认为征收的税款肯定被侵吞了，另一些人认为很大一部分税款肯定被教会执事和负责救济贫民的人大吃大喝掉了。大家都认为税款管理得太糟了。总之，每年为穷人征收将近 300 万英镑税款，可穷人依然穷苦不堪，这一事实使人不能不感到惊讶。但如果看问题稍微深入一点，人们惊讶的就不是这个事实了。相反，假如每镑课征 18 先令而不是 4 先令便能使情况大为改观，这反倒会使人更为惊讶。我且举一个例子来说明我的意思。

假设靠富人捐助，每天挣得 18 便士的人，现在可得到 5 先令；人们也许认为，这样穷人的日子便会过得称心如意，每顿饭都有肉吃。但这是一个非常错误的结论。每天转移给每个劳动者 3 先令 6 便士，并不会增加我国肉类的数量。目前我国并没有那么多的肉，能让每个人都享有足够的肉食。那么结果会怎样呢？肉类市场上买者之间的竞争，会迅速把肉价从每磅六七便士提高到每磅两三先令，因而分享这种商品的人数并不会比现在多。当一种物品处于稀缺状态而不能为一切人所享有时，谁拥有最有效的独享权，也就是说谁出价最高，谁就会拥有该物品。即使买肉者之间的竞争能持续足够长的时间，以致每年饲养的牛增多，也只能是在牺牲谷物的情况下增加牛的数量，而这是一种很不合算的交换，因为很显然，此时国家便不能养活同以前一样多的人口，当食物相对于人口而言处于稀缺状态时，社会最底层的人们究竟是每日得到18便士还是5先令，也就无关紧要了，反正他们得过最苦最紧的日子。

人们或许会说，购买每种物品的人数增多，会刺激生产活动，从而我国的总产量会增加。在某种程度上，情况也许是这样。但财富的增加又会刺激人口增长，人口的增长幅度也许会超过财富的增长幅度，因而增加的产量将分配给增加得更多的人口。况且我们的假设一直是，人们完成的工作量和以前一样多。但实际情况并非如此。每天得到5先令而不是18便士，会使每个人产生幻觉，以为自己已较为富有，可以有许多时间不去干活儿。这会立即对生产活动产生严重的消极影响，要不了多久，不仅整个国家会比以前穷，而且下层阶级的处境也会比每天仅仅得到18便士时更为悲惨。

即使按每镑18先令的比率向富人课征济贫税，并以最明智的方式分配征得的税款，其结果也不会与上面假设的情况有什么两样。富人无论作出多大的捐献，作出多大的牺牲，也不会阻止社会下层阶级陷于苦难。特别是如果以货币的形式作出捐献或牺牲，情形就更是这样。不错，也许会由此带来巨大的变化。富人会变穷，一些穷人会变富，但终归还是有一部分社会成员的生活必定会遇到困难，这种困难自然将落在最不幸的社会成员身上。

我不能用货币提高一个穷人的地位，不能用货币使他的生活境况大为好转，而不相应地降低其他穷人的生活，这乍看起来似乎令人不可思议，但我认为实际情况正是如此。如果我缩减家里人消费的食物数量，把节省下来的食物给予这个穷人，则我便会使他受益，受苦的只是我自己和家里人，不牵涉其他人，我和家里人也许是能够忍受的。如果我开垦一块荒地，把所产的食物给予这个穷人，那我就会既使他受益，又使全体社会成员受益，因为他以前消费的食物便转归社会了，或许连同一些新产的食物也转归社会。但如果我给他的仅仅是货币，假设我国的产量保持不变，那我给他的便是一种权利，使他从这种产量中可以得到比以前大的份额，而他要得到这一较大的份额，就必得减少别人的份额。很显然，在个别场合，由此而产生的影响是很小的，令人完全察觉不出来；但这种影响却肯定存在，就如同布满空气的微生物，虽然我们看不见，却依然存在那样。

假定某个国家的食物量许多年保持不变，那么很显然，这些食物就必须根据每个人所拥有的特许权[①]的价值进行分配，或者说，就必须根据每个人能为这种普遍需要的商品拿出的货币额进行分配。所以，显而易见，一些人的特许权的价值有所增加，另一些人的特许权的价值就必定有所降低。如果富人不减少自己饭桌上的

① 葛德文先生把人们从祖辈那里继承的财富称为发霉的特许权。我认为，把这种财富称为特许权确实很合适，但我很难赞同称其为发霉的特许权，因为人们是经常使用这种财富的。

食物，而捐给50万穷人每人每天5先令，那么毫无疑问，由于这些穷人自然会比以前生活得舒适，比以前消费更多的食物，因而剩下来分给其他人的食物将减少，从而每个人的特许权的价值将会降低。也就是说，相同数量的银币所能购买到的生活资料数量将减少。

人口增加，而食物不按比例增加，显然会产生与上面相同的结果，即每个人的特许权的价值将降低。分配给每个人的食物数量必将减少，一天劳动所能购买到的食物数量也随之减少。食物价格的上涨，要么起因于人口的增长快于生活资料的增长，要么起因于社会上货币分配的变化。一个历史悠久的国家，其食物即使仍在增加，也增加得缓慢而有规律，无法满足突然出现的需求，但社会上货币的分配却经常发生变化，这无疑是食物价格经常变化的原因之一。

英国的济贫法往往在两个方面致使穷人的一般境况趋于恶化。首先，济贫法往往使人口趋于增长，而养活人口的食物却不见增加。穷人明知无力养家糊口，也要结婚。所以在某种程度上可以说，是济贫法在产生它所养活的穷人。由于人口的增长必然使分配给每个人的食物减少，因而很显然，那些在生活上不依靠教区帮助的劳动者所能购买的食物量将比以前减少，从而必将有更多的劳动者要求教区扶助。

其次，济贫院收容的人一般不能说是最有价值的社会成员，但他们消费的食物却会减少更为勤劳、更有价值的社会成员本应享有的食物份额，因而同样也会迫使更多的人依赖救济为生。如果让济贫院中的穷人比现在生活得好，则货币分配的这种变化将使食物价格上涨，将更为明显地使济贫院外的穷人的生活境况恶化。

对于英国来说，幸运的是农民们仍具有自立精神。济贫法力图根除这种精神，并在某种程度上获得了成功，但尚未获得完全的成功。如果已获得完全的成功，其有害的倾向就不会掩盖得这么久了。

应该形成一种风气，把没有自立能力而陷于贫困看作是一种耻辱，尽管这对个人来说似乎很残酷。对于促进全人类的幸福来说，这种刺激似乎是绝对必需的，任何削弱这种刺激的企图，不论其用意多么好，总是会产生事与愿违的结果。如果某些人根本没有可能自立，根本不可能养家糊口，只因可以指望得到教区的施舍，便结婚成家，那这些人就是受了不正当的诱惑，不仅会给自己和家人带来不幸，生活不能自立，而且还会不知不觉地损害同阶级的所有其他成员。一个不能养家糊口而结婚的劳动者，在某些方面可说是他所有劳动伙伴的敌人。

我深信，英国的教区法促进了粮价的上涨和劳动实际价格的跌落，从而使只拥有劳动的那个阶级陷入了更为贫困的境地。而且我认为，教区法大大助长了穷人的那种漫不经心和大手大脚的习气，这恰与小商人和小农场主的谨慎小心、克勤克俭的脾性形成了鲜明对照。说得粗俗一点，穷苦的劳动者常常现挣现吃，吃了这顿不管下顿。他们把全部心思都用在如何满足现时的欲望上，而很少考虑未来。即便有机会储蓄，也难得存下钱来，满足眼前需要后的余款，一般都用来喝酒了。因而可以说，英国的济贫法削弱了普通人储蓄的能力与意愿，从而削弱了人们节俭勤勉度日、追求幸福的一个最强烈的动机。

大制造商们普遍抱怨，高工资使所有工人堕落了。然而，假如发生意外事故时工人无法指望教区给予帮助，则可以肯定，他们会把一部分高工资存起来，供将来养家用，而不是现在用来酗酒和挥霍。穷工人之所以花掉全部工资及时行乐，是因为他们可以指望得到教区的帮助，以下事实证明了这一点：大工厂倒闭时，立即有许多家庭向教区求助，尽管工厂生意兴隆时他们挣得的工资高于一般农村劳动的价格，也许足以使他们省下一部分在工厂倒闭时用，直到找到另一份工作。

如果一个男人想到自己病了，死了，妻子儿女可以靠教区救济为生，那他便禁不住要到酒馆里去喝酒。但如果他知道发生这种意外后，妻子儿女将饿死或沿街乞讨，那他在这样乱花钱时就会有所犹豫了。在中国，劳动的实际价格和名义价格都很低，而且做儿子的尚须依照法律规定赡养年老无助的父母。我国是否也应颁布这样的法律，我不敢妄加断言。但在我看来，如果因实施法规，使那么多人丧失自立能力而陷于贫困，而且使人对此不再感到有多么羞耻，则无论如何也是很不合适的。从最人道、最慈爱的观点来看，人们是应该对丧失自立能力、陷于贫困状态有羞耻感的。

这对于懒惰和挥霍，是一种最强有力的抑制。若去除这种抑制，诱使不能养家糊口的男子结婚成家，则只能从总体上减少普通人的幸福。毫无疑问，应该把阻碍结婚的每一个障碍都看作是一种不幸。但是，既然按照自然法则，人口的增长总要受到某种抑制，所以，与其鼓励人口增长，然后让匮乏和疾病对其加以抑制，还不如从一开始就让预见与担忧来抑制人口：预见到自己养家糊口有困难，担心丧失自立能力而陷于贫困。

应时刻记住，食物与制造品具有本质上的区别。制造后者所需的原料非常充裕，对制造品的需求有多大，就可以创造出多少制造品。但却没有同样的创造力来满足对食物的需求。在全部肥沃土地都已被耕种的国家，需要出高价才能刺激农民改良贫瘠的土地，这种土地要过许多年才能带来利润。在有利可图的前景足以刺激农民进行这种农业投资之前，在粮价上涨时期，粮食的匮乏可能已给人带来了很大困苦。除少数国家外，各国对食物的需求总是在增加，而在所有历史悠久的国家，满足这种需求的能力却提高得很缓慢。

无疑，英国济贫法的颁布是出于最仁慈的目的，但我们却有充分理由认为，济贫法未达到其预期目的。济贫法固然使一些极为贫困的人生活好过了一点，然而从总的方面来看，靠救济为生的贫民却远未摆脱贫困。不过，反对济贫法的一个主要理由却是，为了使一些穷人得到这种救济(这种救济本身未必是好事)，英国全体普通人民不得不忍受一整套令人讨厌的、给人带来不便而又暴虐的法律的折磨，这种法律与英国宪法的精神实质是背道而驰的。整个来看，这种救济穷人的方法，即使是就目前经过修改的方法而论，也是与自由思想格格不入的。这种法律还经常在劳动市场上制造障碍，给那些不靠救济、尽力自谋生计的人平添了许多烦恼。

伴随着济贫法而来的这些弊病，在某种程度上是不可避免的。要救济某些人，就得使另一些人有权辨别谁应得到救济，有权执行种种必要的规定，但干预他人的事却是一种暴政，行使这种权力会给被迫要求救济的人带来种种烦恼。穷人普遍抱怨法官、教会执事以及救济款管理人员暴虐无道，但罪过并不在这些人身上，他们在有权处理救济事宜之前,也许并不比旁人坏,罪过是由济贫制度的性质造成的。

济贫法的弊害也许太大了,无法予以消除,但我确信,如果根本就没有颁布济贫法,虽然非常贫穷的人也许要多一些,但从总体上看,普通人却要比现在幸福得多。

皮特先生的济贫法案表面上看来是以慈爱为目的的,而人们吵吵闹闹地提出的反对意见在许多方面并未切中要害,显得荒唐可笑。但必须承认,该法案同所有这类法案一样,有一巨大而根本性的缺陷,即它有助于增加人口,却不增加养活人口的生活资料,从而使不靠救济为生的那部分人的生活境况恶化,造成更多的穷人。消除社会下层阶级的贫困,确实是一项很艰难的工作。老实说,这部分社会成员所遭受的困苦与压迫,乃是一种顽疾,非人类的智慧所能治愈。假如要我提出一种缓和痛苦的方法(按病的性质来说也只能提出缓和痛苦的方法),则首先是要完全废除所有现行的教区法。这将使英国农民享有行动自由,而他们现在几乎不能说享有行动自由。这样,他们便可以不受妨碍地选择居住地,哪里工作机会多,劳动价格高,就居住在哪里。劳动市场将因此而处于自由状态,像现在这样,长时期阻碍劳动价格不能随需求而增加的种种障碍也就消除了。

第二,鼓励人们开垦新土地,尽最大可能鼓励农业而不是制造业,鼓励耕种而不是畜牧。应尽力削弱和废除所有那些与同业公会、学徒制有关的制度,这些制度致使农业劳动得到的报酬低于工商业劳动得到的报酬。因为,如果一个国家偏向手工业工人,这个国家就绝不会生产出它所需要的食物量。鼓励农业,既有助于向市场提供愈来愈多的有利于健康的职业，又可增加国家的农业产量，从而提高劳动的相对价格，改善劳动者的生活境况。生活境况有所好转，再加上不能指望教区给予救济，劳动者会更加愿意也更加有能力为防备自己或家人患病而结成互助团体。

最后，各郡可以为极端贫困的人设立济贫院，由全国统一征收的济贫税提供经费，收容各郡乃至各国的贫民。济贫院中的生活应该是艰苦的，凡能够工作的人，都应强迫他们工作。不应把济贫院看作困难时期过舒适生活的避难所，而只应看作可以稍微缓和一下严重困苦的地方。可以把这种济贫院的一部分分离出来，或者从最有利的目的出发——这点已有许多人注意到了——另建一些济贫院，在这些济贫院中，任何人，不论是本国人还是外国人，都可以全天工作，并按市场价取酬。毫无疑问，如果有人想行善，机会还是很多的。

这种计划似乎最能增加英国普通人的幸福总量，而实施这种计划的第一步就是废除所有现行的教区法。天啊！根除贫穷是人力所不及的。我们徒劳无益地力图做根本不可能办到的事，不仅牺牲了有可能获得的利益，而且牺牲了有把握获得的利益。我们对普通人说，如果他们服从一种暴虐的法规，他们就将永远免除匮乏之苦。他们服从了这种法规，履行了他们应尽的义务，但我们却没有，也不能履行我们的义务，因而穷人奉献了宝贵的天赋自由，却未得到等价的回报。

所以，尽管英国实施了济贫法，但我认为必须承认，从城镇和乡村下层阶级的整个状况来看，他们因食物不足、劳动艰苦和住处不卫生而遭受的困苦，肯定仍经常抑制着人口的增长。

在所有历史悠久的国家，除了上述抑制人口的那两大因素，即我所说的预防性抑制和积极的抑制外，尚有对妇女的不道德习俗、大城市、有碍健康的制造业、流行病和战争等抑制因素。

所有这些抑制因素不外乎贫困与罪恶两大类。每当这些因素被极大削弱时，人口便较为迅速地增长。这充分表明，它们正是现代所有欧洲国家人口增长缓慢的真正原因。

第　六　章

新殖民地——那里的人口迅速增加的原因——北美殖民地——美洲腹部殖民地人口异常增加的实例——古老的国家也可以从战争、时疫、饥馑和自然灾害的破坏中迅速恢复过来。

人们普遍注意到，位于幅员广阔、食物充足、有利于身体健康发展的地区的一切新殖民地，其人口持续不断地以令人惊讶的速度增长。古希腊的一些殖民地在不太长的时间内就在人数和实力上超过了母国。不必详细地讲很久以前的事例，拿欧洲人在新世界的殖民地来说，就可以提供充足的证据来证明一种说法——据我所知，它从未受到人们的怀疑——的真实性。只须支付极少的代价或不付任何代价就可以取得大量肥沃的土地，是人们能够克服其他一切障碍而增加人口的一个强有力的因素。西班牙在墨西哥、秘鲁和基多的殖民地，管理得比任何其他国家的殖民地都糟。母国的暴政、迷信和恶习在殖民地盛行。王国政府勒索过高的赋税。对它们的贸易实行各种极其专横的限制。统治者们也为其主子和他们自己大肆敲诈和掠夺。可是，在这一切障碍之下，殖民地的人口依然迅速增加。征服后建立的利马市，据乌洛亚说，在近 50 年前已有 5 万居民。基多原来不过是印第安人的一个小村庄，据乌洛亚说，其人口在他生活的年代也同样稠密。墨西哥据说有10万居民，虽然西班牙的一些著述家言过其实，估计也比蒙提祖马时代的人口增加了四倍。

葡萄牙人在巴西的殖民地，其统治差不多同样暴虐，但据推测，30年来那里已有60万欧洲血统的居民。

荷兰和法国的殖民地，虽然处于贸易商的一些独占公司的统治下（亚当·斯密博士说得很对，那种统治是一切可能存在的统治中最坏的一种），但在这种不利条件下，它们仍很繁荣兴旺。

但是，发展最为迅速的，还得说是英国的北美殖民地，即现在强大的美国。它们除了同西班牙和葡萄牙的殖民地一样拥有很多肥沃的土地以外，还在较大的程度上享有自由和平等。虽然它们的对外贸易也受到某些限制，但它们在处理自己的内部事务方面却享有完全的自由。盛行的政治制度有利于财产的转让和分割。地主的土地如果不在限定的时期内耕种，〔官方〕就宣告它可以归其他任何人所有。在宾夕法尼亚，不存在长子继承权，在新英格兰地区的一些州，长子也只能得到双份财产。任何州都不收什一税，而且几乎不课征任何赋税。由于肥沃的土地价格极其低廉，将资本用于农业最为有利，农业在提供最大数量有益于健康的工作的同时，还可以向社会提供大量最有价值的生产物。

这些有利情况相结合的结果，使人口以也许是前所未有的速度迅速增长。人们看到，在所有的北美殖民地，人口在25年内增加了一倍。1643年，原先在新英格兰四州定居的人数为21 000。①

① 这些事实我援引自理查德·普赖斯博士的《有关恤金赔付的意见》(1771)两卷本，他引用了斯泰尔斯博士所编写的小册子，但我身边没有这本书。

其后，据说离开那里的人数多于到那里去的人数。1760 年，那里的人口增加到了 50 万。因此，那里的人口一直是每 25 年增加一倍。在新泽西，人口每 22 年就增加一倍；而在罗得岛，连 22 年也不要。在腹部殖民地，由于居民一心从事农业，不知奢华，其人口每 15 年就增加一倍，这是一个极不寻常的人口增长事例。[①] 只是在人们自然最先居住的沿海地区，人口增加一倍的时间约为 35 年；某些沿海城市的人口则完全处于停滞状态。

这些事实似乎表明，人口恰好是按阻碍其增长的两大障碍即贫穷和罪恶被清除的比例增长的，并表明衡量人民幸福和纯真的最正确的标准是人口增加的速度。城市（某些人由于他们的职业的性质必然会被赶到那里）的不卫生，应当看作是一种贫穷，结婚由于人们预料将来难以供养家庭而受到的各种微小阻碍，也完全可以归入这一类。总之，很难想象有哪种对人口增长的阻碍不能归于贫穷或罪恶的范畴。

美国 13 个州战前的人口估计约为 300 万。大不列颠的少数移民使那里的人口得以如此蕃衍，但谁也没有感到大不列颠的人

① 就这类事例而言，土地的生产能力似乎能够充分满足人类可能产生的对食物的全部需求。但是，如果我们由此而认为人口和食物实际上是以同一比率增加，那就错了。人口仍是按几何比率增加，食物则仍是按算术比率增加，即，人口按乘法运算增加，食物按加法运算增加。在人口稀少而拥有大量肥沃土地的地方，土地每年增产食物的能力可以比作一个大贮水池，以涓涓细流供水。人口增长得越快，取水的人手也就越多，因而每年取走的水也就不断增加。不容置疑，贮水池很快就会枯竭，只有细水尚在流动。如果土地逐步开发，以至一切肥沃的土地都已被人们占有，食物每年增加的数量就取决于已被占有的土地的改良；而这涓涓细流也将逐渐减少。但人口如能得到食物供应，就能以无穷的活力不断增加，而一个时期人口的增加，可以为下一时期人口更多地增加提供动力；这是没有任何限度的。

口现在有所减少。相反，大家知道，一定程度的移民对母国的人口增长还起促进作用。人们特别注意到，西班牙有两个省移居美洲的人最多，结果这两省的人口大为增加。不管导致北美殖民地人口如此迅速增长的不列颠原先的移民人数是多少，我们都要问，为什么在大不列颠同样的人数在同一时期没有使人口得到同样的增长？可以说，其重要而明显的原因是土地和食物不足，或者换句话说，是贫穷。同罪恶相比，贫穷还是更加有力得多的原因，这充分表现在：甚至一些古老的国家也很快地从战争的创伤、瘟疫或自然灾害中恢复过来。这时，这些古老的国家暂时几乎处于新兴国家的状态，而结果也就往往不出人们所预料了。如果居民的勤劳不为恐惧或暴政所破坏，生活资料很快就会超过减少了的人口的需要，而其必然的结果当为，过去几乎固定不变的人口，也许马上就开始增加。

佛兰德的一些土地肥沃的地方，常常发生最具破坏性的战争，但其后经过两三年的休养生息，又总是像以往那样物产丰富，人口众多。甚至巴拉丁领地在该诅咒的路易十四的掠夺之后也会再次抬起头来。1666 年伦敦流行的可怕的黑死病的后果，15 年或 20 年以后就感觉不到了。按照人们的记述，中国和印度发生的一些最具破坏性的饥馑，其痕迹很快就消失了。甚至土耳其和埃及的人口一般说来是否由于周期地发生的使两国土地荒废的黑死病而大为减少，也还是一个疑问。如果它们拥有的人口现在比过去少，那么，也许与其把它归因于黑死病所造成的损失，不如把它归因于政府的专横和压迫（人们在这种专制政治下呻吟），以及农业由此受到的妨害。最可怕的自然灾变，如火山爆发和地震，如果不是频仍发生，致使居民不得不迁离，或者损害他们的勤勉精神，对任何国家的平均人口就只发生微小的影响。那不勒斯以及维苏威火山山麓地方虽然经常遇到火山爆发，但那里的人口仍极为稠密。里斯本和利马现在的人口也许和上一次地震以前大致相同。

第七章

导致流行病蔓延的一个可能的原因——苏斯米尔希先生编制的一些统计表的摘要——可以预料在某些情况下会周期性地流行疫病——任何国家短期内出生数与埋葬数的比例都不是衡量人口实际平均增长幅度的恰当尺度——衡量人口不断增长的最好尺度——生活非常节俭是中国和印度发生饥馑的原因之一——皮特先生的济贫法案中有一条款具有有害倾向——促使人口增加的唯一适当的方法——国民幸福的原因——饥馑是自然抑制过剩人口的最不适当、最可怕的方式——可以认为三个命题已经确立。

由于十分注意清洁,伦敦似乎终于完全消灭了黑死病。但是,人口密集和食物不卫生、不充足,也许应当列在出现疫病流行季节和各种流行病的次要原因之中。我所以这样说,是因为我看过苏斯米尔希先生编制的一些统计表,这些统计表普赖斯博士在关于英格兰和威尔士人口论战的跋文的一个注释中曾加以摘录。人们认为它们极其正确,如果这种统计表具有普遍意义,它们就很能说明抑制人口、防止人口增加超过一国生活资料的种种方式。我将从这些表中摘录一部分,并援引普赖斯博士的注文。

普鲁士王国和立陶宛公国

年平均	出生数	埋葬数	结婚数	出生数与结婚数之比	出生数与埋葬数之比
到 1702 年的 10 年间	21 963	14 718	5 928	37 比 10	150 比 100
到 1716 年的 5 年间	21 602	11 984	4 968	37 比 10	180 比 100
到 1756 年的 5 年间	28 392	19 154	5 599	50 比 10	148 比 100

"注意，在 1709 年和 1710 年，这个国家的居民有 247733 人患时疫死亡，在 1736 年和 1737 年，传染病的流行又阻碍了人口增加。"

值得注意的是，出生数与埋葬数之比在大时疫发生后的 5 年内最大。

波美拉尼亚的荷兰人

年平均	出生数	埋葬数	结婚数	出生数与结婚数之比	出生数与埋葬数之比
到 1702 年的 6 年间	6 540	4 647	1 810	36 比 10	140 比 100
到 1708 年的 6 年间	7 455	4 208	1 875	39 比 10	177 比 100
到 1726 年的 6 年间	8 432	5 627	2 131	39 比 10	150 比 100
到 1756 年的 4 年间	12 767	9 281	2 957	43 比 10	137 比 100

"在这一事例中，居民似乎在 65 年内几乎增加了一倍，极其严重的流行病未妨碍人口增加，但在紧接最后一个时期之后的 3 年(到 1759 年)疾病大为流行，因而出生数减至10 229人，而埋葬数则增加到15 068人。"

在这种情况下，居民的人数不是也许比食物和保持健康所必需的各种设备增加得更快吗？按照这一假设，大部分人不得不过更加艰苦的生活，更多的人将挤住在一间屋子里，这种情况当然不能不是那3年疾病流行的自然原因之一。虽则该国的人口绝对地说不是非常拥挤、非常稠密，这些原因也会产生这种结果。即使在一个人口稀少的国家，如果人口在食物增加和房屋增建以前就增长，则居民必然会在某一程度上因缺少房屋和生活资料而陷入痛苦境地。假如英格兰的结婚者在以后的8年或10年间生育的子女比平时多，或者结婚的人数比平时多，而住房的数量一仍其旧，则一间小屋就不是住五六个人，而是要住七八个人了，这种情况，加上人们的生活必然会更加艰苦，或许会对普通人民的健康产生极其不利的影响。

勃兰登堡的诺伊马克

年平均	出生数	埋葬数	结婚数	出生数与结婚数之比	出生数与埋葬数之比
到1701年的5年间	5 433	3 483	1 436	37比10	155比100
到1726年的5年间	7 012	4 254	1 713	40比10	164比100
到1756年的5年间	7 978	5 567	1 891	42比10	143比100

"1736—1741年6年间传染病的流行阻止了人口增加。"

马格德堡公国

年平均	出生数	埋葬数	结婚数	出生数与结婚数之比	出生数与埋葬数之比
到1702年的5年间	6 431	4 103	1 681	38比10	156比100
到1717年的5年间	7 590	5 335	2 076	36比10	142比100
到1756年的5年间	8 850	8 069	2 193	40比10	109比100

"1738、1740、1750和1751年，疾病格外流行。"

如果读者想获得有关这个问题的更多的资料，请参阅苏斯米尔希先生编制的那些表。我所作的摘录已足以说明疾病流行是周期性地(虽然是不规则地)复发的,而房屋和食物缺乏似乎很可能是其主要原因之一。

从上列各表看来,对古老的国家来说,这些国家虽然不时流行疾病,但其人口仍增加得相当快。耕作必定在改进,因而结婚得到鼓励。人口看来与其说是受到预防性的控制,毋宁说是受到积极的控制。当由于人们期望生活资料在国内愈益丰富,抑制人口增加的压力在某一程度上得到消除时,这种动机将持续发生作用,其力量很可能超过当初促使人口增加的原因所起的作用。或者,说得详细一点,当一国的生产物不断增加,对劳动的需求也不断增加,劳动者的生活状况改善到使结婚得到很大鼓励的程度时,也许早婚的习惯在该国人口的增加超过生产物的增加以前一直会延续下去,而发生季节性流行病似乎是其自然和必然的结果。所以,我认为,其生活资料不断增加、有时足以促使人口增加但不能满足人口一切需要的那些国家,会比其人口能够充分适应于其平均产量的那些国家更多地遭受周期性流行病的侵袭。

从反面来进行这种观察,或许也是正确的。在其他一切条件相同的情况下,受各种周期性疾病侵袭的那些国家,在这些周期的间隔期间,其人口的增加或出生数超过埋葬数的数额,常常大于受这种骚扰较少的那些国家。虽然土耳其和埃及上一世纪的平均人口几乎固定不变,但在周期性的黑死病暂停发作期间,其出生数超过埋葬数的比例就必定会大于像法国和英格兰那样的国家。

因此,任何一国在 5 年或 10 年间出生数与埋葬数的平均比例,作为判断其人口实际增长的尺度,似乎是很不适当的。这种比例确实表明了这 5 年或 10 年间的人口增加率;但我们不能由此推断20年以前增加多少，或者20年以后将如何增加。普赖斯博士说，瑞典、挪威、俄国和那不勒斯王国的人口增加得很快；但是，他未从户籍登记簿摘录足够长的时期的资料来证实这一点。虽然瑞典、挪威和俄国的人口事实上很可能是在增加，但其增加率不是普赖斯博士选录的短时期出生数与埋葬数之比所似乎可以表明的。[①] 在到1777年为止的5年间，那不勒斯王国出生数与埋葬数之比为144比100，但是，我们有理由认为，这个比例所表示的人口增加率，比该王国100年间的实际人口增加率大得多。

肖特博士将英国许多村庄和集镇两个时期的户籍登记簿作了比较；第一个时期是从伊丽莎白女王到上一世纪中叶，第二个时期是从上一世纪末期的若干年到本世纪中叶。从这种摘录的比较中可以看到，出生数在前一时期以124比100的比例超过埋葬数，而在后一时期则仅以111比100的比例超过埋葬数。普赖斯博士认为，前一时期的户籍登记簿是不可靠的，但我们认为它所提示的比例或许不是不正确的。至少，我们有许多理由可以认为，前一时期出生数超过埋葬数的幅度会大于后一时期。在任何一国的人口自然增长的过程中，在其他一切条件相同的情况下[②]，投入耕作的肥沃土地前一时期总是多于后一时期。生产物每年增加的比例加大，人口增加的比例往往会随之加大。但是，除了使伊丽莎白女王

① 参阅普赖斯博士的《意见》两卷本，关于英格兰和威尔士人口论战的跋文。

② 我之所以要说“在其他一切条件相同的情况下”，是因为任何一国生产物的增加，往往在极大的程度上依靠当时流行的勤勉精神及其所受的指引。人民的知识和习惯及其他暂时原因，特别是当时公民享有自由和平等的程度，对于这种精神的激励和指引常常会起很大的作用。

末年出生数超过埋葬数的数额大于本世纪中叶的这一重大原因以外,我不能不认为,前一时期不时发生的黑死病的祸害,也很可能多少具有增大这一比例的趋向。如果从发生这种可怕的灾难的间歇时期的统计中选取 10 年的平均数,或者如果将发生黑死病看作偶发事件而将流行这种疫病年份的情况不算在内,户籍登记簿所提示的出生数与埋葬数之比就必然会过高,不能反映人口的实际平均增加情况。在 1666 年发生严重的黑死病以后的一些年,出生数超过埋葬数的数额或许大于平时,特别是如果普赖斯博士的看法是有根据的话,则英格兰革命(它在其后 22 年就发生了)时期的人口就要比现在多。

1693 年,金先生说,英国全国(伦敦除外)出生数与埋葬数之比为 115 比 100。肖特博士提出,本世纪中叶,包括伦敦,这一比例为 110 比 100。到 1774 年为止的 5 年间,法国的这一比例为 117 比 100。如果这些说法接近事实,如果在一些特定的时期这一比例没有很大的变动,则法国和英国的人口就似乎大致适应于本国的平均产量了。结婚所受到的阻碍及由此产生的各种恶习、战争、奢侈、大城市未受到人们注意而确凿无疑的人口减少,住房狭窄和许多贫民食物不足,阻止了人口的增加超过生活资料的增加,因而(如果我可以采用一种人们刚听到时必定会感到奇怪的说法)毋须由严重而富有破坏性的流行病来抑制过剩人口。如果破坏性很大的黑死病在英格兰杀死 200 万人,在法国杀死 600 万人,则毫无疑问,在这两个国家的居民从这种令人毛骨悚然的打击中恢复过来以后,出生数与埋葬数之比会大大超过现在出生数与埋葬数之比。

在新泽西，到 1743 年为止的 7 年间，出生数与死亡数之比平均为 300 比 100。在法国和英国，其最高比例则仅为 117 比 100。对于这种巨大而令人惊讶的差别，我们不必那样惊奇，以至要把它归因于上天的不可思议的干涉。其原因并不遥远、隐晦和神秘；它就在我们的近旁，就在我们周围，任何有研究精神的人都可以窥见。设想没有造物主的力量直接发生作用，石头就不能落下，植物就不能生长，这是符合最自由的哲学精神的。但是，我们从经验中得知，人们所谓的自然界所起的这种作用几乎一律要遵循固定的法则。自开天辟地以来，人口增加和人口减少的原因，或许同我们所熟知的任何自然法则一样是恒定不变的。

两性之间的情欲似乎在任何时代都几乎是相同的，因而，拿代数学上的用语来说，常常可以看成是一个已知量。阻碍任何一国的人口增加超过其所能生产或获取的食物数量的伟大的必然法则，是这样一种法则，即，它在我们的视域中是这样明显，在我们的知性中是这样明白，又这样充分地为一切时代的经验所证实，以致我们片刻也不能对它有所怀疑。固然，自然用以防止或抑制人口过剩的各种方式，在我们看来不那么明显、不那么规则，可是，我们虽然并非总能预言其方法，但却能够确凿地预言其事实。倘若几年间一国出生数与死亡数之比表明人口的增加大大超过该国生产物或获得物按比例增加的数量，我们就可以确切地断言：除非进行移民，否则死亡数就会迅速超过出生数，并可以断言这几年人口的增加不能代表该国人口的实际平均增加情况。如果不存在其他一些减少人口的原因，该国无疑就会发生周期性流行病或饥馑。

衡量任何国家人口真实而持续不断增加的唯一正确的尺度，

是生活资料的增加。但是，甚至这一尺度也常常会发生某些微小的变动，但这种变动我们却可以看得一清二楚。在某些国家，人口的增加似乎受到了推动。这些国家的人民已逐渐习惯于几乎靠少得不能再少的食物来维持生活。这类国家很可能经历过这样一些时期，即，这时其人口持续不断地增加，而生活资料却没有增加。中国似乎就是这样的国家。如果我们所知道的有关中国的各种记述是可靠的话，则中国下层阶级的人民已习惯于几乎靠少得不能再少的食物来维持生活，并且乐于食用欧洲的劳动者宁愿饿死也不愿意吃的腐烂变质的食物。中国的法律允许父母扔弃他们的子女，也趋向于大大加快人口的增长。处于这种状态的国家必然会常常发生饥馑。在其人口就它同生活资料的比例来说如此众多，以致其平均产量仅足维持居民生命的国家，时令不好所造成的任何短缺都必然会产生严重后果。印度人非常节俭的生活习惯也许在某种程度上对印度发生饥馑起了促进作用。

在美国，现今劳动者的报酬很高，因而遇到荒年，下层阶级勒紧裤腰带，就不致陷入明显的痛苦境地。所以，那里几乎不可能发生饥馑。可以预料，随着美国人口的增长，劳动者的报酬将大大降低。在这种情况下，人数将持续不断地增加，而生活资料却不会按比例增加。

在欧洲各国，由于每一国家盛行的生活习惯不同，其居民人数与食物消费量之比必然有所不同。英格兰南部的劳动者惯于食用小麦制的上等面包，因而他们要等到饿得半死不活才肯过苏格兰农民那样的生活。由于严酷的必然法则持续不断地发生作用，他们也许最终不得不过中国下层阶级那样的生活，到那时，同等数量的食物就要供养较多的人口。但是，为做到这一点而进行的尝试常常是极其困难的，一切人类之友也希望它归于失败。应该鼓励人口增加，这种说法我们经常听到。如果人口增长的趋势像我所描述的那样显著，则这样的增长为什么在频频受到鼓励的时候没有出现，就似乎有点不可思议了。其真正的原因是，促使人口增长的要求是在没有准备供养增加的人口所必需的基金的情况下提出的。如果通过促进耕作增加对农业劳动的需求，并由此增加农村的生产物，改善劳动者的生活状况，就完全不必为人口按比例的增加而担心。以其他任何方法实现这一目的的尝试都是不道德的、残忍的和暴虐的，因此在任何有相当自由的国家是不可能成功的。促使人口增加也许是国家的统治者和富人很感兴趣的事情，因为这样可以降低劳动的价格，从而降低海军和陆军的费用以及在国外销售的制造品的成本，但是，对于这一类尝试，特别是当这种尝试披着所谓仁慈的骗人的外衣，因而被普通人民兴致勃勃、诚心诚意地接受的时候，贫民之友应当留心观察，全力抵制。

皮特先生的济贫法案中有一条规定：有三个以上子女的一切劳动者，都可以为其第四、第五……个子女领取救济金，每星期各一先令；我确信这一条款没有任何恶意。我承认，在该法案提交国会以前及提交国会以后的一段时间，我还认为这个规定是非常有益的；但对这个问题进行进一步的反省以后，我就确信，如果该法案旨在改善贫民的生活状况，则其所期待的目的绝不能实现。我看不出它有增加整个国家生产物的趋向，倘若它趋向于增加人口而不是增加生产物，则其必然而无法规避的结果看来就是同一数量的生产物必须在较多的人口中间分配，从而一天的劳动只能换得较少的食物，贫民一般说来也就更加困苦了。

我已经谈到，在一些情况下，即使生活资料不按比例增加，人口也可以持续不断地增加。但很明显，各国的食物和食物所能供养的人口之间的变化是有一不可逾越的限度的。在任何一国，其人口如果不在绝对减少，其食物就必须足以供养劳动者，使其能一代一代生存下去。

在其他一切条件相同的情况下，可以断言，一国人口的多少随其所生产的人类食物的数量而定，而该国人民的幸福则取决于食物分配的宽裕与否，或者说，一天的劳动所能换得的食物数量。产谷国的人口比牧畜国的人口多，产米国的人口又比产谷国的人口多。英格兰的土地不宜种稻，但都可以种马铃薯；因而亚当·斯密博士说，如果马铃薯成为普通人民所喜爱的植物性食物，又用和现在种植谷物的土地一样多的土地种植马铃薯，英格兰就能够维持比现在多得多的人口，其结果，在很短的时间内人口就会大大增加。

一国的幸福并非绝对取决于其贫富、历史的长短和人口的疏密，而取决于其发展速度，取决于每年食物的增加同每年人口无限制地增加相接近的程度。在一些新的殖民地——旧国的知识和产业常常在它们那肥沃而未被占用的土地上发生作用——食物的增加和人口的增加二者是最接近的。在另一些情况下，国家历史的长短在这方面并不是非常重要的事情。大不列颠居民现在分得的食物也许同两千年、三千年或四千年以前一样充足。我们有理由相信，苏格兰高地的贫瘠而人口稀少的土地，同佛兰德的丰饶而人口众多的地区一样深受人口过多之苦。

假如一国从未遭受技术比较先进的民族的侵略，而听任其文明自然发展，则从其生产物可以看作一个单位的时候，到其生产物可以看作 100 万个单位的时候，也许要经过好几百年的时间，其间或许没有一个时期的人民群众可以说摆脱了直接或间接由食物缺乏造成的困苦。在欧洲各国，自有历史以来，当已有千百万人受到这一简单抑制而未能出世，尽管其中某些国家从未发生过极为严重的饥馑。

饥馑似乎是自然的最后、最可怕的手段。人口增加的能力远远大于土地生产人类生活资料的能力，因而人类必然会在这种或那种情况下过早地死亡。人类的各种罪恶积极而有力地起着减少人口的作用。它们是破坏大军的先锋，往往自行完成这种可怕的行为。如果它们在这消灭人口的战争中失败了，疾病流行季节、时疫、传染病和黑死病就会以吓人的队形进击，杀死无数的人。如果仍不能完全成功，严重而不可避免的饥馑就会从背后潜步走近，以强有力的一击，使世界的人口与食物得到平衡。

由是，对一切时代、一切国家人类生活的历史进行过细心考察的人都必须承认：

人口的增加必然受生活资料的限制。

当生活资料增加的时候，人口总是增加。较强的人口增殖力，为贫困和罪恶所抑制，因而实际人口同生活资料保持平衡。

第八章

华莱士先生——一些人认为人口增加只有在遥远的未来才会带来困难，这种观点是错误的——孔多塞先生对人类理智的进步所作的概述——孔多塞先生所说的那种摆动何时适用于人类。

上述显而易见的推论是在考察了过去和现在人类的状况后作出的，因此，在我们看来，论述人类和社会的可完善性的一切著述家既注意到有关人口过多的论点，又常常对它掉以轻心，并且总是认为由于人口过多而产生的困难在遥远而几乎无法估计的未来才会出现，就成了一件令人惊讶的事情。甚至认为这一论点的影响力足以破坏他的整个平等制度的华莱士先生，似乎也觉得，在全部土地开垦得像菜园一样，生产物毫无可能进一步增加以前，不会由于人口过多而产生任何困难。如果情况果真如此，而美好的平等制度在其他一些方面又可以实行，我们就不应当因为预料在遥远的未来会发生困难而压抑追求这个制度的热情。一件这样渺茫的事情完全可以听天由命；但实际情况是，如果本篇论文提出的论点有充分根据的话，那么，这种困难就不是在遥远的未来才会发生，而是近在眼前、马上就要发生的。在从现在到全部土地都变得像菜园那样的耕作进步的每一时期，食物匮乏所造成的困苦将持续不断地强加于一切人(如果人是平等的)。虽然土地的生产物每年会不断增加,但人口的增加要比它快得多,因而过剩的人口必然会由于贫困或罪恶周期地或持续不断地发生作用而受到抑制。

孔多塞先生的《人类精神进步史梗概》一书,据说是在被冷酷地剥夺了公民权(到他死了为止)的压力下写成的。如果他对这本书在自己活着的时候出版不抱希望,对它受到法国的欢迎也不怀有希望,那么,他那样依恋同日常经验完全抵触的原理,确实是很奇怪的。他看到世界上最开化的国家之一的人类精神,在开化几千年以后,竟然会在各种可憎恶的、即使最野蛮的时代最野蛮的部落也引以为耻的感情——恐怖、残忍、恶意、报复心、野心、狂热和放荡等等的骚扰下堕落,他的人类精神必然而不可避免地会进步的想法当会受到极大的打击,以致不管他表面表现得如何,只有靠他对自己的原理的真实性抱有极其坚定的信心,才能经受住这种打击。

这部在孔多塞先生死后出版的著作只是他计划完成的一部篇幅大得多的书稿的梗概。因此,它必然缺乏唯一能证明某一理论真实性的阐述及其应用。如果这个理论应用于实际事态,而不是应用于想象的事态,则只要稍许观察一下,就可以看出,这种理论是完全自相矛盾的。

这部著作的最后一部分论述了人类将如何趋于完善。他说,将欧洲各文明国家的实际人口和土地面积加以比较,并考察一下它们的耕作,它们的产业,它们的分工以及它们的生活资料,我们就会明白,没有许多人以自身的勤劳作为满足自己需要的唯一手段,就不能保持同样多的生活资料,从而不能维持同样多的人口。

他承认不得不存在这样一个阶级，随后又谈到劳动者的家庭完全依赖于其一家之长的寿命与健康，这种家庭的收入是很不稳定的[①]，于是很恰当地说："因此，不平等、依赖、甚至贫困等现象（它们不停地威胁着社会上人数最多、最勤勉的阶级）的发生有其必然的原因。"这种困难已得到适当而充分的说明，然而他提出的克服困难的方法恐怕不会收到实效。根据对人的寿命的或然率和货币利息的测算，他建议设立一种基金，以保证老年人得到资助，这种基金的形成部分依靠老年人自己以前的储蓄，部分依靠其他一些人的储蓄，这些人作出了同样的牺牲，但是在获得储蓄的好处以前就去世了。同一基金或类似的基金也可以用来帮助失去丈夫或父亲的妇女、儿童，并向已到达成家年龄的人们提供足够的资本，使他们能够适当地发展自己的事业。他说，这种基金可以以社会的名义筹集，并由社会加以保护。他更进一步说，通过正确地进行测算，还可以找到一种方法来防止信贷成为巨富的独占权，并为信贷提供同样稳固的基础，使产业的发展和商业活动较少地依赖大资本家，从而比较完满地保持平等状态。

这种基金和测算在理论上很诱人，可一旦应用于实际生活，就毫无价值了。孔多塞先生承认，完全靠勤劳维持生活的阶级，是一切国家所必需的。为什么他承认这一点？他所能提出的唯一理由是，他以为，为获得供养增加的人口的生活资料所必需的劳动，没有必要的刺激是不会进行的。如果对勤劳的刺激由于上述制度的

① 为了节省时间，避免冗长的引证，我在这里只描述孔多塞先生的某些观点的要旨，希望我没有误解他的意思，但我请读者参看原书，它虽然不能使你信服，但却会使你感兴趣。

建立而消除，如果在信贷上，在妻子和子女未来的供养上，懒汉和玩忽职守者处于同勤勉、刻苦的人一样的地位，我们还能期待人们发挥旺盛的活动力去改善他们的生活状况（现在这已成为社会繁荣的主要动力）吗？如果设立一个审理机构来研究每个人的要求，断定每个人是否已作出最大的努力，从而答应或拒绝给予补助，那就不过是以更大的规模再次实施英国的济贫法，而完全破坏真正的自由原则和平等原则。

即使撇开上述反对这种制度的重大理由，暂且假定它不致妨碍生产性的劳动，也还有另一极其巨大的困难妨碍这种制度的建立。

如果一切男子都确信能向家庭提供使生活舒适的物品，则几乎一切男子都会成家，而如果下一代能够摆脱贫困的“杀气”，人口必然会迅速增加。孔多塞先生似乎也充分意识到这一点，他在描述进一步的改良以后说：“但随着产业的发展和幸福的增加，每一代都将要求得到更多的享受，结果是，人口将因人类体质的增强而增加。这样，必定会出现这样一个时期，使具有同样必然性的法则互相抵消。如果人数的增加超过生活资料的增加，其必然结果或者是幸福和人口持续减少（一种真正的倒退运动），或者至少是在善与恶之间摇摆不定。在已进入这一时期的社会，这种摇摆不定难道不会成为周期性贫困经常存在的原因吗？它不是标出了一切改良不能逾越的界限，指明了人类完善的时期经过长久的岁月总会到来，但绝不能超越吗？”他接着说：“谁都知道，这样一个时期离我们很远，但我们是否总有一天会到达呢？谁也不能断定，在人类进步到我们现在不能设想的时代才会发生的事件，将来会不会成为现实。”

孔多塞先生对人口数量超过生活资料时可能出现的情景所作的描述，是适当的。他所描述的那种摇摆不定的确会发生，而且无疑是周期性贫困经常存在的原因。我和孔多塞先生不同的唯一的一点，是它能够适用于人类的时期。孔多塞先生认为，它只能适用于极其遥远的时代。事实正好相反，如果我所举出的人口自然增加和食物自然增加之间的比例在某种程度上接近事实，则人口超过生活资料的时期早就到来了，而必然发生的摇摆不定，即周期性贫困经常存在的原因，从有人类史以来一直存在，现在依然存在，而且除非人类的本性发生明显的变化，否则还将永远存在。

孔多塞先生继续说，即使他认为非常遥远的那个时期真的到来，人类及为人类的可完善性辩护的人也不必惊恐不安。他提出那时有一种方法（我承认自己对它并不理解）可以使人们摆脱困境。他说，到那时，迷信的荒谬的偏见将不再从道德上严厉指责可以防止生育的男女乱交或其他反常行为为腐败、堕落。但是，在大多数人看来，用这种方法来摆脱困境，肯定有损于美德和纯朴的社会风俗，而美德和纯朴的社会风俗正是为平等和人类的可完善性辩护的人声称所要达到的目的和目标。

第九章

孔多塞先生对人类有机体的可完善性和人类寿命的无限延长所作的推测——以动物的繁殖和植物的栽培为例，说明由界限不能确定的局部改善推论无止境的进步，是一个谬误。

孔多塞先生提出来考察的最后一个问题是人类有机体的可完善性。他说，如果已经提出而在发展中当能发挥更大作用的各种证据，在人们现有的天赋不变、有机体也不变的假设下，已足以证明人类具有无限的可完善性，那么，如果这种有机体、这些天赋是可以改善的，事实会是怎样，人们抱有的希望又将达到什么程度呢？

他认为，随着理性和社会秩序的进步，医术将不断得到改进，人们将食用更卫生的食物，住在更卫生的房间里，将采取较好的生活方式，依靠锻炼增进体力而不因锻炼过度而损害体力，世人堕落的两大原因——贫困和极其富有——将被消灭，遗传性疾病和传染性疾病随着物理知识的增进将逐渐被消除，这一切使他作出如下的推论：人虽然不能绝对不死，但是从出生到自然死亡之间经历的时间将不断增加，无从确定，也许可以用"无限"一词来表示。他提出，"无限"这个词有两种意思，一是，不断地向一无限的界限靠近，但永远达不到这一界限，另一个意思是，寿命可以无限延长，以致大于任何可以确定的界限。

但是，这个名词在任何一种意义上应用于人类寿命的长短，无疑是极不明达的，不能在自然法则上找到任何根据。由各种原因引起的寿命的变动，其性质与有规则的、有进无退的寿命的延长是截然不同的。人类的平均寿命在一定程度上因气候对健康有益还是有害、食品卫生与否、社会风俗的善恶及其他各种原因而有不同，但是，从我们有可信的人类历史以来，人类的自然寿命是否确有稍许觉察得到的增加，是很可怀疑的。一切时代的成见都正好同这个假设相反，虽然我不愿意过分强调这些成见，但它们确实可以在某种程度上证明人类的自然寿命未曾明显增加。

也许有人会说，世界刚刚诞生不久，尚处于幼年期，期望它很快有所变化，是不应该的。

如果事实果真如此，人类的一切科学马上就会完结。从结果到原因的整个推理顺序都会被破坏。我们可以闭眼不看自然这本书，因为读它不再有任何益处了。最不切实际、最不可能成为现实的推测，就同建立在小心谨慎的反复试验基础上的有充分根据、极其卓越的理论一样确定无疑了。我们也就可以重新采用陈旧的推理方法，使事实屈从体系，而不是根据事实来建立体系了。牛顿的宏大而首尾一致的理论也就同笛卡儿的轻率而古怪的假说平起平坐了。总之，如果自然法则如此变化无常，如果竟可以断言和相信亘古从未发生变化的自然法则将有所改变，则任何刺激都将不复能激起人类的研究精神，人们必然会停留在迟钝麻木状态，仅以迷人的梦想和狂妄的想象自娱。

自然法则的不变性和因果的不变性是一切人类知识的基础，不过，我完全不是说制定和执行自然法则的力量不能“在一刹那，在转瞬之间”完全改变自然法则。这种变化无疑是可以发生的。我要说的只是，我们不能从理性推论这种变化。倘若事先没有任何明显的征兆或迹象表明某种变化会发生，我们就能够推断这种变化必将出现，那么，我们作出任何判断都可以认为是合理的，一如肯定明天月球将与地球相碰，同说明天太阳将照常升起一样是合理的。

从远古到现今，没有任何永久性征兆或迹象表明人类的寿命在不断延长。[①] 关于寿命的长短，有人提出，气候、习惯、饮食及其

① 我不怀疑，有许多人会认为：试图严肃地反驳诸如地球上的人类永生不死，甚或人类和社会具有可完善性之类极其荒唐的谬论，是浪费时间，白费口舌；对于这种毫无根据的推测的最好回答是置之不理。然而，我的意见与此不同。如果这种谬论是由机敏、有才干的人提出来的，置之不理，绝不能使他们认识自己的错误。他们正以其知性广博和宏大、其见解涉及面广、内容丰富自夸，如果置之不理，他们会把这看作是与其同时代的人不愿作精神上的努力、眼光短浅的一种表现；并且只会认为，世人尚未就接受他们的崇高真理作好准备。

相反，坦率地研究这些问题，并为采用已由正确的哲学证明的任何理论作好充分的准备，也许会使他们认识到，他们作出不可能实现的、没有根据的假设，非但不能扩大、反而会缩小人类科学的范围，非但不能促进、反而会妨碍人类理性的进步；这种假设使我们几乎重新退回到知识的摇篮时代，并不断削弱哲学探讨方法（在它的帮助下，近来科学获得了十分迅速的进步）的基础。现在人们热中于作放纵而漫无目标的推测，这似乎已成为一种精神狂热，或许是近年来各门科学都有重大而出乎预料的发现所引起的。对由于有这种成就而得意洋洋、忘乎所以的人们来说，似乎一切事物都是人类所能理解的；在这种幻想的支配下，他们将尚未取得真实进步的学问，同已取得显著的、确凿无疑并且得到公认的进步的学问混淆在一起。如果他们能够接受劝告以稍许严肃而纯净的思想使自己的神志清醒过来，他们就会知道，用轻率的幻想和未经证实的断言代替孜孜不倦的研究和确凿的证据，只能使真理和正确哲学的目的受到损害。

他原因所产生的显著影响，已向人们提供可以断定寿命能够无限延长的理由；但这种议论是建立在如下不稳固的基础上的，即：人类寿命的年限是不能明确划定的，而由于你不能精确地划定它的期限，你就不能确切地说它是这样长，不能再长，因此，寿命可以永远增加，并且可以恰当他说它是无定限的或无所限制的。然而，这种议论的谬误和荒唐，只要对孔多塞先生所说的各种植物和动物有机体的可完善性或退化（他说，这可以看作一般自然法则之一）略加考察，就可以充分看出。

据孔多塞先生说，家畜改良家有一准则，即：你想要多么优良的家畜，就可以繁育出多么优良的家畜；这一准则是以另一准则为依据的，即，某些牲畜的崽儿可以在很大程度上具有其母体的优良品质。著名的莱斯特羊的繁殖，其目的在于促使这种羊的头和腿变小。从上述准则出发，这种羊的头和腿显然应当能够改变到近似消灭，但这显然是极其荒唐的，因而我们完全可以肯定：那个前提是不正确的；虽然我们不能够看出改良的限度，或者准确地说出这个限度，但它确实是存在的。就这个例子来说，最大的改良限度或最小的头和腿可以说是难以明确划定的，但这与孔多塞先生所说的无定限或无所限制是两码事。尽管在目前情况下我不能划定改良所无法逾越的限度，但我却可以很容易说出改良所无法达到的一点。我可以毫不犹豫地断定，即使这种羊的繁殖持续不断地进行下去，莱斯特羊的头和腿也绝不会像老鼠的头和腿那样小。

所以，说某些动物的崽儿会在愈来愈大的程度上具有其母体的优良品质，或者说动物具有无限的可完善性，都是不正确的。

由野生植物变成美丽的园花，也许是比动物界的任何变化都更为明显和惊人的进步，但即使在这里，断言这种进步是无所限制的或无定限的，也是极其荒谬的。植物改良的一个最明显的特征是体积增大。花卉通过栽培而逐渐增大。如果进步真是无限的，则其体积应当也可以无限增大，但这是极端悖谬的，因而我们完全可以肯定，植物的改良同动物的改良一样是有其限度的，虽然我们不确切知道这个限度是在哪里。也许争夺花奖的花匠们往往施用效力较强的肥料，但都没有成功。同时，有人如果说他看见了最美丽的麝香石竹或银莲花，这或许过于夸张。然而，他如果断言麝香石竹或银莲花的体积永远不能通过栽培增加到同大甘蓝一样大，却不会同未来的事实相抵触，虽然还有比甘蓝大得多的可定量。谁也不能说他看见了最大的麦穗或栎树；但是他可以很容易而非常肯定地说出它们所不能达到的一点。因此，在所有这些情况下，对于无所限制的进步和只是其限度难以明确划定的进步，应当细心地加以区分。

也许有人会说，植物和动物的体积不能无限增大的原因，是它们本身的重量会把自己压倒。我的回答是，不实际体验构成它们躯干的力量有多大我们怎么能知道这一点呢？我知道，在麝香石竹的体积增加到像甘蓝那样大以前，它的茎就支撑不了它了，而我知道这一点，只是由于我体验到麝香石竹之茎的质地是脆弱而缺乏韧性的。自然界中有许多同石竹的茎同样大小的物质可以支撑像甘蓝那样大的头状物。

植物死亡的原因，现在我们还完全不知道。谁也不能说明为什么这种植物是一年生的，那种植物是两年生的，另一种植物则是多年生的。在这一切场合，在植物、动物和人类方面，一切都还是取决于经验，我只是因为一切时代的经验都证明构成有形人体的那些物质是会死亡的，才断言人会死亡。

我们只能根据我们所知道的进行推理。

在能够充分证明人类的寿命已经、并且还在明显地延长到接近无限的程度以前，正确的哲学不允许我改变世人都会死亡的看法。而我从动物界和植物界引用两个特殊事例的主要原因，是在于揭露和说明(如果我能够)一种论点的谬误，这种论点仅仅因为看到了某些局部的改进，而这种改进的限度不能精确地规定，就推论这种进步是无限的。

植物和动物能够在一定程度上得到改善，是谁也不能怀疑的。在这方面已取得显而易见的进步；但是我认为，宣称这种进步是无限的，似乎是极其荒谬的。人的寿命虽然由于各种原因而有很大的变动，但自有世界以来，能否明白地确定人的身躯得到了有组织的改良，是大可怀疑的。因此，有关人类有机体的可完善性的论点所据以建立的基础，是非常脆弱的，只能认为是一种推测。不过，通过注意生育，人类也许会在一定程度上发生类似于动物界发生的那种改良。智力能否遗传或许是一个疑问；但身材、力气、美、气质甚或长寿却是可以在一定程度上遗传给后裔的。谬误并不在于假设较小的改良是可能的，而在于对限度难以确定的小规模的改良和真正无限的改良不加区分。不过，若要用这种方法去改良人类，就必须禁止劣等人结婚，但人们却不可能普遍注意生育；实际上，据说，除了古代比克斯塔夫族曾通过谨慎的婚配、特别是非常审慎地同挤乳女工“杂交”，在使皮肤变白和增加身高，从而矫正族人体格上的一些主要缺点上得到很大的成功以外，我不知道还有什么别的这类目标明确的尝试。

我认为，为了更加充分地说明世人不能不死，不必强调寿命的延长会大大增加人口问题的分量。

孔多塞先生的著作不仅可以看作一位名人的意见的概述，而且可以看作革命初期法国许多工人的意见的概述。因此，它虽然是一个概述，似乎也值得注意。

第十章

葛德文先生的平等制度——将人类的一切罪恶归因于人类制度是错误的——葛德文先生对人口增长带来的困难所作的第一个回答是很不全面的——假设葛德文先生的美好的平等制度是可以实现的——只是由于人口原理，这种制度就会在短短30年间完全垮台。

人们阅读葛德文先生的独出心裁和才智洋溢的《政治正义论》，看到他的文笔气势雄浑而有力，他的某些推理精密而有说服力，他的思想炽热而强烈，特别是他那给人深刻印象的诚挚态度，使全书具有真理的外观，不能不为之感动。同时，又必须承认，他没有以似为正确哲学所必需的谨慎态度来进行他的研究。他的结论常常不为他的前提所认可。他自己提出的异议，有时也不能加以排除。他过分依赖那些不能应用的一般而抽象的命题。他的推测无疑远远超出了自然的质朴。

葛德文先生所提倡的平等制度无疑比现已存在的任何制度都更为美好和令人向往。仅仅凭借理性和信念所进行的社会改良，比凭借权力施行和维持的任何变革都将更为持久。无限运用个人判断力是一种极其伟大而有魅力的原则，远远优于那些一切人在某种意义上都是社会奴隶的制度。以仁爱代替自爱作为社会的主要动机和动因，是人们热诚地希望看到的一种成就。总之，看到这一美好的制度的一切，必然会抱有喜悦和羡慕的心情，热望有朝一日它会实现。但是，可惜得很！这个时刻绝不会到来。这一切不过是一场梦，一个美好的想象的幻影。这种幸福和永生的"华丽的宫殿"，这种真理和美德的"庄严的神殿"，如果我们了解实际生活，并细心观察人类在地球上的真正处境，它们就会像"空中楼阁"一样消失。

葛德文先生在《政治正义论》第八篇第三章结尾谈到人口，他说："人类社会有一条规律，根据这条规律，人口总是保持在同生活资料相适应的水平。比如，我们发现，美洲和亚洲的游牧部落，经过多少世代，人口并未增加到需要耕种土地的程度。"葛德文先生作为某种不可思议的、神秘的原因提及而未试图加以研究的这一原理，我们将看到，就是折磨人的必然法则——贫困和对贫困的恐惧。

葛德文先生在全书中所犯的一个重大错误，是将文明社会中几乎所有的罪恶和贫困都归咎于人类制度。在他看来，政治制度和现存财产制度是一切罪恶的重大根源，是使人类堕落的所有罪行的温床。如果实际情况果真如此，则从世间完全消除罪恶，就似乎不是一件没有希望完成的工作，而理性似乎就是实现这一伟大目的的非常合适的手段了。但事实真相是，虽然人类制度似乎是造成人类许多灾祸的明显和突出的原因，但实际上它们是不重要的、表面的原因，同使源泉污浊、使全部人类生活的水流浑浊的那些根深蒂固的不洁原因相比，它们只是漂浮在水面上的羽毛。

葛德文先生在论述平等制度带来的好处的那一章中说："压迫

精神、奴隶性和欺骗的风气，都是现存财产制度的直接产物。这一切都一致同智力和道德的发展为敌。妒忌、怨毒和报复等其他恶行是上述精神和风气不可分的伴侣。在富裕而人人同样分享自然的恩赐的社会状态下，这类感情必将消失。狭隘的利己主义的原则也会消失。任何人也无需小心看守自己小小的储备或担心而又吃力地去满足自己经常感到的需求，每个人也就能把个人的存在融合到关心普遍福利的思想之中。任何人也不会以别人为敌，因为他们之间不存在你争我夺；结果仁爱将取得理性所授予的最高统治权。人们将不再整天为肉体需要而操心，得以自由地遨游在与人的意趣相合的思想领域之中。在扩大知识的工作上，人人都会帮助我而我也会去帮助他们。”

这确实是一种幸福的状态。但是，这只是一种想象的情景，与现实毫不相干，这一点恐怕读者已经充分觉察到。

人无法生活在富裕当中。并非一切人都能同等地分享自然的恩赐。如果没有现行财产制度，则每个人都不得不尽力保护他的少许财产。利己心将大获全胜。你争我夺将永远存在。每个人都将经常为肉体需要操心，而没有一个有才智的人能够自由地在思想领域遨游。

葛德文先生没有以其深刻的洞察力注意一下地球上人类的真实状况，看一下他准备用什么方法克服人口过多带来的困难就可以充分地说明这一点。他说：“……对本章所提出的反对意见的明确回答是：现在设想困难未免过早。地球上四分之三可以住人的土地还没有耕种。已经耕种的土地还能进行无限的改良。尽管人口不断增加，可也许过了多少世纪之后，大地仍将足以养育它上面的居民。”

我已经指出，认为在地球绝对无法增加生产物以前人口过多不会带来困苦和困难的观点是错误的。现在我们暂且假设葛德文先生的美好的平等制度以其最纯粹的形式实现，并看一下这个困难会怎样迅速地在这种完善的社会形态下压在人们身上。一种理论倘若无法加以应用，也就不可能是正确的。

我们暂且假设产生贫困和罪恶的一切原因在这个岛国都已消除。战争和你争我夺已停止。有害身心健康的职业和工厂已不复存在。人们不再为宫廷的阴谋、为商业目的、为邪恶的满足而聚集于疫疠丛生的大城市。单纯的，健康的和适度的娱乐代替了饮酒、赌博和放荡。没有任何城镇大到会对人体产生有害的影响。这一人间天堂的幸福居民大都居住在乡间的小村庄和农场中。每座房子都清洁、通风和宽敞，坐落在有益于健康的地点。所有的人都是平等的。奢侈品的生产停止了。必须进行的农业劳动和睦地由一切人分担。这个岛国的人数及其生产物，我们假设同现在一样。仁爱的精神受公平无私的正义的支配，使这些生产物可以按照人们的需要在社会上的一切成员中分配。虽然或许不能做到每个人每天都有肉吃，但植物性的食物和偶尔吃到的肉，已可满足俭朴的人民的需要，并足以使他们保持健康、体力和饱满的精神。

葛德文先生认为婚姻是一种欺骗和独占。我们暂且假设性交建立在完全自由的原则之上。葛德文先生并不认为这种自由会导致男女乱交，在这一点上，我同他是完全一致的。用情不专是一种不道德的、腐败的和不合人情的嗜好，因而在单纯而有道德的社会中不可能很普遍。每一个男人都会自己选择一个伴侣，而且只要双方都愿意保持这种关系，他也就保持下去。按照葛德文先生的看法，一个女人有多少子女，子女属于谁，将是无关紧要的。食物和其他必需品自然会从多余的地方流向缺乏的地方。[①] 每个人都乐于尽力教育年轻的一代。

我想象不出还有比这从总体上看更有利于人口增加的社会形态。现存婚姻的不可补救性，无疑使许多人对它望而却步。另一方面，不受约束的性交则会成为早婚的最有力的诱因，而由于我们假定人们不必为儿童未来的抚养担忧，因而我以为，在 100 个 23 岁的妇女中也许找不到一个尚未成家的妇女。

由于上述这一切大大促进人口增加，减少人口的各种原因又假定已经消除，人口数量的增加必然会快于任何已知社会。我曾经说过，据斯泰尔斯博士发表、普赖斯博士曾引用的小册子所载，美洲腹部殖民地的居民人数在 15 年间增加了一倍。英国当然是比美洲腹部殖民地更有益于健康的国家，并且，按照我们的假设，这个岛国的一切房屋都是通风和卫生的，而对人们组织家庭的鼓励又大于美洲腹部殖民地，因而，其本土人口为什么没有（如果有可能）以少于 15 年的时间增加一倍，就没有什么理由可以给予说明了。但我们绝不背离事实，我们只假定人口增加一倍的时间为 25 年，众所周知，美国北部各州的人口就是以这一速度增加的。

无可怀疑，我们所假设的财产的均等化，加上全社会的劳动主要用于农业，将大大有助于我国生产物的增加。但是，要满足如此迅速增加的人口的需要，葛德文先生所计算的每人每天劳动半小

① 葛德文：《政治正义论》第 2 卷第 8 篇。

时肯定是不够的。或许每个人必须以一半时间用于这一目的。可是,即使作出这样的、甚至更多的努力,了解我国土壤的性质、已耕土地的肥力和未耕土地的贫瘠程度的人,也会对25年间平均总产量能否增加一倍心存疑虑。要做到这一点,唯一可行的办法或许是耕种全部放牧地,并几乎完全不再食用肉类。但这个方案的一部分也许自己就行不通。英国的土地不施肥是不能生产出大量食物的,而要制造出最适合于英国土地的肥料,家畜似乎是不可或缺的。据说,中国有些省份的土地十分肥沃,不施肥水稻一年仍可收获两次。英国则根本没有这样的土地。

虽然这一岛国的平均产量很难在25年间增加一倍,但我们暂且假定它能够做到这一点。因此,在第一个时期届满时,食物(纵然全部是植物性的)足以供养增加了一倍的人口1 400万,使其保持健康。

在第二个人口倍增的时期,哪里可以找到食物来满足愈益增加的人口的迫切需要呢?哪里有生荒地可以开垦呢?哪里有必不可少的肥料来改良已耕的土地呢?对土地略有所知的人都会说,在第二个25年间,按相当于其现在收获的数量来增加我国的平均产量是不可能的。尽管这种增加不可能实现,我们仍假定它会实现。我们的论证具有极大的力量,允许我们作几乎一切让步。然而,即使我们作这种让步,在第二个时期届满的时候,仍会有700万人没有给养。仅够2 100万人糊口之用的食物量将由2 800万人分担。

天哪!所谓人们生活在富裕中,任何人也无需担心而又吃力地去满足自己经常感到的需求,狭隘的利己主义原则也会消失,人们将不再整天为肉体需要操心，得以自由地遨游在与人的意趣相合的思想领域之中，这样一种情景安在？这种想象出来的华丽建筑物一经事实的严格检验便消失了。由富裕培育和激励起来的仁爱精神，将被匮乏的寒冷气息所抑制。已经消灭的可憎的感情将再次产生。自我保存的强大法则将驱除人们心灵中一切较温柔、较高尚的感情。作恶的诱惑过于强烈，非人类的本性所能抵制。谷物在成熟以前就被收割，或者被过多地隐藏起来，而一切撒谎骗人的不道德行为马上就会发生。子女众多的母亲不会再源源不断地得到生活必需品。由于缺乏食物，儿童体弱多病。健康的红润脸颊将被贫苦造成的苍白脸颊和凹陷的眼睛所代替。仍在少数人的内心萦回的仁爱心作了几次无力的最后挣扎以后，利己心最终便恢复了其经常的绝对统治权，得意洋洋地横行于全世界。

葛德文先生将最坏的人的原始罪恶归咎于人类制度的腐败[①]，但这种制度在这里已不存在。也不存在这种制度产生的社会利益和私人利益之间的对立。理性指定要留归公众的那些利益没有被人独占。谁也不受不公正的法律的驱策去破坏秩序。仁爱之心已深深扎根于一切人的心中；可是，在短短 50 年中，使现在的社会状态堕落和阴暗的暴行、压迫、虚伪、苦难，各种可憎的罪恶以及各种形式的贫困，就会由各种最紧迫的事情、由人类的本性所固有而与一切人类制度毫无关系的法则再生出来。

如果大家仍不十分相信这种令人忧伤的情景的真实性，不妨看一下第三个 25 年的情况，我们当会发现，那时将有2 800万人没

① 见《政治正义论》，第 340 页。

有生活资料；而在第一个 100 年终了时，人口将为11 200万，食物则仅足供养3 500万人，其余7 700万人没有给养。到那时，人们将普遍感到匮乏，劫掠和谋杀将在世间盛行，尽管我们一直假定，土地的生产物是绝对无限的，其每年增加的数量比最大胆的思辨家所能想象的还要大。

毫无疑问，对于人口增加所造成的困难所持的这种看法，和葛德文先生的看法大不相同，他曾说："尽管人口不断增加，可也许过了多少世纪之后，大地仍将足以养育它上面的居民。"

我完全知道，我提到的那过剩的2 800万人，或者说7 700万人，是绝不会存在的。葛德文先生说："人类社会有一条规律，根据这条规律，人口总是保持在同生活资料相适应的水平上。"这个看法是完全正确的。唯一的问题是，这条规律是什么？是某种暧昧而不可思议的原因吗？是上帝的神秘干预——在一定时期突然使男子无性交能力，使妇女不能受孕吗？或者是这样一种原因，它在我们的视野之内，是能够加以探究的，人们可以看到，在人类所处的任何状态下，它都持续不断地(虽然是以不同的强度)发生作用。这不正是一定程度的贫困吗？这种贫困是自然法则造成的必然而不可避免的结果，人类制度绝没有加重它，而是大大减轻了它，虽然永远不能消除它。

在我们所假设的情况下，现在支配文明社会的一些法则会相继听命于最紧迫的需要。对于这种说法，人们也许会感到奇怪。按照葛德文先生的看法，人类是其所接受的印象的产物，因而匮乏的鞭策持续不了多久，就必然会发生侵害公众资财或私人资财的行为。由于这种侵害次数增加、范围扩大，社会上比较活跃、富有才智的人士很快就会察觉人口在迅速增加，而年产量却在减少。在这种紧急情况下，人们会意识到必须立即采取某些措施来保护社会的安全。那时会召开某种会议，并以最有力的措词说明国家的危险状况。可以说，当人们生活在富裕中时，谁劳动最少，或者谁占有最少，没有多大关系，因为每个人都十分愿意并随时可以满足邻人的需要。但是，现在的问题已经不是一个人应不应当把自己不用的东西送给别人，而是他应不应当把自己生存所绝对必需的食物送给邻人。应当指出：缺少食物的人数大大超过了供养他们的人数和手段；这种按照本国的生产状况不能完全满足的迫切的需要，导致了对正义的若干公然侵犯；这种侵犯已经阻碍了食物的增加，如果不采取某些方法制止，还会使整个社会陷入混乱状态；紧迫的需要似乎在命令人类无论如何要使生产物逐年增加：为了达到这一基本的、重大的和责无旁贷的目的，应更加全面地分配土地，并应通过最有效力的惩罚，甚至死刑，来保障一切人的资财不受侵犯。

某些反对者也许会提出，由于土地肥力的增加和各种偶然事件的发生，一些人得到的份额可能大大超过维持自己生活所必需的数量，而利己心的支配权一旦确立，没有某种补偿作为报酬，他们绝不会把自己剩余的生产物拿出来分配。我们的回答是，这是一种大可悲叹的不便，但是，这种弊端同由于财产不安全而必然会带来的一系列阴森恐怖的灾难是不能相比拟的。一个人所能消费掉的食物数量必然要受人类有限的胃容量的限制；他肯定不会把余下的部分扔掉，而会以剩余的食物来换取别人的劳动，从而使别人在某种程度上靠他生活，尽管这是一种有偿的让予，也还是比听凭别人活活饿死要好。

因此，救治一直折磨着社会的最好（虽然仅此还不够）方法，看来很有可能就是建立一种同目前各文明国家所盛行的没有很大差别的财产管理制度。

要讨论的下一个问题，与前一问题密切相关，就是两性之间的交往。一些人已注意到了社会遭受各种困难的真正原因，这些人或许会强调，如果每个人都安然地认为他的一切子女都能依靠一般的仁爱心而得到适当的抚养，则土地的能力将绝对不能生产出足够的食物来供养由此必然增加的人口；即使社会的全部注意力和劳动都指向这唯一的目的，而且由于财产得到完善的保护，以及其他各种可以设想的鼓励，因而生产物逐年增加的数量可以达到最大限度，但食物的增加仍不能与人口更加迅速得多的增加相适应；所以对人口的增加必须实行某种控制；最自然、最明显的控制似乎是使每个人抚养他自己的子女；就某一点来说，这可以作为一种人口增加的测度和规准发生影响；可以预料，人们如果无法获得用以供养后代的生活资料，就不会生儿育女；但即使如此，为了儆戒他人，让轻率地使自己及其无辜的子女陷入贫困和匮乏的个人，遭受随同这种行为而产生的耻辱和麻烦，似乎是必要的。

婚姻制度，或者至少是每个男人要承担抚养自己子女的某种义务（明确的或暗示的）的制度，在我们所设想的存在种种困难的社会里，似乎是上述推理的自然结果。

对这种困难所作的考察，揭示了女子贞操的破坏比男子发生这个问题蒙受更大耻辱的很自然的根源。不能指望妇女具有足以扶养她们子女的资力。因而，如果一个女子同没有签约承担抚育子女责任的一个男子结合，一旦这个男子感到不自由而将她遗弃，则这些子女必然要仰给于社会，否则就会饿死。而由于以监禁或判刑来惩处这种很自然的过失，以防止上述麻烦反复发生，或许是很不正当的，人们就可能同意以耻辱来惩处。此外，这种罪过在女子方面更为明显和引人注目，更不至于误认。一个孩子也许常常不知道谁是他的父亲，但他很容易确切知道谁是他的母亲。人们同意，对于犯罪证据极为充分、同时对社会的妨害又最大的方面，应责其承担最大部分的罪责。如有必要，社会可以强迫一切男子担负抚养子女的责任；男子为维持家庭生活必然要遇到较多的麻烦，作出较大的努力，因此，如果一个男子使他人陷入不幸，即令只使他蒙受几分耻辱（这是每个人必定会遭受的），也可以认为他受到了充分的惩罚。

现在妇女犯罪几乎要被赶出社会，而男人犯罪却几乎不受惩罚，这似乎毫无疑问是对自然正义的侵犯。但是，这种习俗作为防止严重妨害社会的事件经常发生的最明显、最有效的方法，虽然也许不完全公正，其起因却似乎是自然的。然而，这个起因现在已在这种习俗后来引致的一系列新观念中湮没无闻。起先也许是由于社会需要而做的事情，现在要靠妇女的贤淑来维持；而这种习俗在其原来的意旨虽然还保存，但人们对它已毫无实际需要的地方，仍以最大的影响力对社会上的那一部分人发生作用。

社会上的这两个基本规则——财产的安全和婚姻制度——一经确立，不平等的状况必然会随之发生。在财产分割后出生的那些人面临的是已被人占有的世界。如果他们的双亲由于子女过多而不能很好地抚养他们，他们在万物均被占有的世界上该怎么办呢？前已提及，如果社会上的每一个人都有权要求从土地生产物中得到相等的一份，会给社会带来什么严重后果。人数增加过多以致原先分得的那份土地不足以维持生活的家庭，不能像要求偿还债务那样，要求从别人的剩余生产物中分取一部分。很明显，按照我们本性的必然法则，有些人必定会因匮乏而受苦。这些不幸的人在生活的大抽彩中抽了空彩。这种索取者的人数很快就会超过剩余生产物的供应能力。道德上的是非曲直，除在一些极端的场合以外，是一种很难识别的标准。剩余生产物的所有者一般都要寻找某种比较明显的识别标准。除在各种特殊的场合以外，他们会选择能够并表示愿意尽力取得更多的剩余生产物的那些人，这是很自然的，也是正当的；这样做既有利于社会，又使这些所有者能够帮助更多的人。一切缺乏食物的人当为紧迫的需要所驱策而提供他们的劳动，以换取其生存所绝对必需的这种物品。适于维持劳动的基金相当于土地所有者拥有的、超过他们自己消费所需的食物总量。如果对这种基金的需要很大、很多，它就必然会以很小的份额进行分配。劳动报酬将降低。人们提供劳动，将只能获得最低限度的生活资料，因而亲属的抚养将受阻于疾病和贫困。相反，如果这种基金迅速增加，如果它在比例上相对于提出要求者的人数而言很大，它就会以很大的份额进行分配。任何劳动者如果不能获得足够的食物作为报酬，他就不会以劳动进行交换。在这种情况下，劳动者便可以过舒适和安逸的生活，因此能够抚养许多健壮的子女。

在现在我们所知道的任何国家内，各下层阶级的幸福或苦难程度，主要取决于这种基金的状况。而人口是增加、静止不变还是减少，又取决于这一幸福或苦难程度。

因此，很明显，一个按照人们的想象力所能设想的最美好的方式组成、以仁爱心而不以利己心作为其活动原则、并且靠理性而不靠势力来纠正其一切成员的有害倾向的社会，很快就会按照我们本性的必然法则（而不是由于人类的任何原始罪恶），蜕化为与目前在我们所知道的一切国家里普遍存在的社会没有本质区别的一种社会；我指的是，会蜕化为分成所有者阶级和劳动者阶级、并以利己心作为那庞大机器的主要动力的一种社会。

在我所作的假设中，不容置疑，我所举出的人口增长率总会小于其实际增长率，我所举出的生产物增长率又总会大于其实际增长率。没有什么理由可以认定，在我所假设的情况下，人口的增长不能快于任何已知实例中的人口增长。因而，如果我们假定人口增长一倍的时间为 15 年，而不是 25 年，并且考虑一下要在这样短的时间内使生产物增加一倍（即使我们承认有此可能）必须花费多少劳动，我们就敢断言，即令葛德文先生的社会制度以最完美的形式建立起来，也不用说不要很多世纪，甚至 30 年不到，就会仅仅在人口原理的作用下彻底毁灭。

由于一些明显的原因，我没有提到移民。如果欧洲的其他一些地方也建立了这种社会，它们在人口方面当会产生同样的困难，因而不能容纳新的成员。倘若这种美好的社会局限于这个岛国，则它本来的纯净必定会不可思议地减损，其所企求的幸福也只有极小一部分能够实现；总之，在该社会的任何成员愿意自动离开，愿意在目前存在于欧洲的那种政体下生活，或甘受极端困苦移居新开发的地区以前，该社会的根本原则当已完全破坏。我们从日常经验中看得很清楚：人们只有在苦难极其深重时才会下决心离开祖国；即便是最吸引人的开拓新殖民地的计划，濒于饿死的人们也往往拒不接受。

第十一章

葛德文先生推测，两性之间的情欲将来会消失——这种推测没有明显的根据——性爱的激情同理性或美德并不矛盾。

我们曾假设葛德文先生的社会制度可以完善地建立起来。但这种假设是不可能实现的。这个制度一建立，就会被各种自然原因迅速摧毁，同样的原因也会使这一制度不可能建立。我想象不出我们根据什么理由可以认为这种自然原因将发生变化。在世界存在的五六千年间，从未发生任何趋向于消灭两性之间情欲的事情。一切时代已届晚年的人们都激烈反对自己感觉不到的情欲，但却没有多少理由，也极少成功。生来性情冷淡、不知性爱为何物的那些人，当然完全没有资格判断情欲对于生活中愉快感觉的总和可以作出多大的贡献。年轻时纵欲过度，因而年老后身体虚弱、内心充满悔恨的那些人，也很可能指责这种愉快空虚无益，不能使人永久满足。但是，纯粹性爱的快乐，与最进步的理性和最高尚的美德并不矛盾。一个人若体验过纯洁性爱的真正快乐，则无论他体验过的理性的快乐多么巨大，也不免经常回顾那一时期，认为它是自己整个一生中最愉快的时刻，对此心往神驰，深情地怀念那个时期，并且非常希望自己能再度生活在那个时期。理性的快乐超越肉体快感之处，与其说是在于它较为真实和根本，不如说是在于它持续时间较长，牵涉面较广，并且不易满足。

任何享受如无节制，都有损于其本身的目的。天气晴朗时在非常美丽的乡村散步，如果走得太远，终究会感到烦闷和疲乏。非常卫生而且富有养分的食物，贪吃过度，非但不能增强体质，反而会使身体衰弱。甚至理性的快乐，虽然确实比其他各种快乐不易满足，但如几乎毫不间断地追求，也会使身体虚弱，精力衰减。由于人们滥用这种快乐而否认它的现实性，似乎不是很恰当的。按照葛德文先生的说法，道德就是结果的打算，或者像佩利副主教所十分恰当地表述的，道德就是神的意志，是由一般便利推断出来的。按照这两个定义，肉体的快感如果不伴有产生不幸结果的可能性，就不违反道德法则，如果对它的追求有所节制，为理智的发展留有极大的余地，则无疑会增加生活中快感的总和。因友谊而增强的纯洁的性爱，似乎是肉体享受和智力享受的混合物，特别适合于人的本性，能极其有效地唤起人的同情心，并使人得到极大的满足。

葛德文先生为了说明肉体快感显然低下，曾说："剥脱掉两性性交的一切伴随情况[①]，它就会普遍遭到轻视。"他同样可以对一个观赏树木的人说：除去这些树伸展开的枝杈和娇嫩的叶子，你还能在它们那光秃秃的树干上看到什么美？但吸引人们观赏的树，总是有枝有叶的，而不是无枝无叶的。一个物体的特点和它的总体，可以像任何两种风马牛不相及的东西那样迥然不同（如同一个

① 《政治正义论》第1卷，商务印书馆1980年版，第49页。

美丽的妇女和一张马达加斯加的地图），从而使人产生不同的情绪。引起情爱的是女人“身材匀称、活泼、性情温柔、亲切、有想象力和才智”，而不只是因为她是女性。男人在情爱的驱策下，曾被迫做各种大大有损于社会一般利益的事情，但如果女人只有女性的外貌，没有其他什么引人注目的地方，也许男人就不难抵制这种诱惑。从肉体快感中除去它的一切附属物以证明其低下，一如使磁石失去产生引力的一些最根本的因素，然后断言磁石的作用微弱。

在对一切享受（无论是肉体的还是智力的）的追求中，理性即我们能够计算结果的能力，都是适当的矫正者和指导者。因此，较高的理性往往可以防止纵欲过度，不过它绝不会因此而灭绝这种快乐。

我曾努力说明从限度不能完全确定的局部改良推论没有限制的进步这种论证的谬误。我以为，很明显，虽然有许多事例揭示了明显的进步，但如料想这种进步是无定限的，就大谬不然了。而关于两性之间情欲的消灭，迄今尚未取得显著的进展。因此，设想这样一种消灭，只是提出了一种没有事实根据的推测，未得到任何哲学上的盖然性的支持。

历史非常明确地提示了如下的真理，即：某些智力极高的人不只是适度地享受性爱的快乐，而且是过度地沉溺于这种快乐。但是，即使承认（虽然有许多相反的例证，我仍愿予以承认）智力上的巨大努力能削弱这种情欲对人类的支配，但很明显，大多数人的进步必须超过现在人类最光辉的典型，才能产生足以明显影响人口的影响。我并不认为大多数人已经达到了进步的极限；但本文所作的主要论述提出了一个强有力的观点,即:任何国家下层阶级的人民都永远不可能完全摆脱贫困和劳动,而获得智力的高度发展。

第十二章

葛德文先生推测人类寿命可以无限延长——用各种实例说明，根据精神刺激对人体的影响作出的推断是不恰当的——不以过去的一些迹象为根据的推测，不能认为是哲学推测——葛德文先生和孔多塞先生推测地球上的人类接近不死，这是怀疑主义的一个自相矛盾的难以理解的例子。

葛德文先生推测未来地球上的人类接近不死，这种推测安插在宣称要消除人口原理对他的平等制度的异议的那一章，似乎是很奇怪的。除非他假设两性之间情欲的减弱快于寿命增加，否则地球必将比以往任何时候更加拥挤。但是，把这个困难留给葛德文先生吧，我们暂且考察一下他据以推断人类或可不死的几种幻象。

为了证明精神支配肉体的力量，葛德文先生说："突然接到好消息不是时常使身体上的微恙不药而愈吗？……人们不是常说，足以使懒人致病的意外事件，勤奋的人却可以忘得一干二净吗？如果我懒懒散散半心半意地走上 20 英里，我就会极其疲倦。如果我目标明确热情洋溢地走上 20 英里，我到达时就会同出发时一样地精神抖擞。由一句话或是一封信引起的心情激动，会使身体发生最为异常的剧变，加速血液循环，造成心悸和舌呆，有些时候极端的痛苦和高兴还会引起死亡。医生最常注意到的一件事，就是精神力量怎样促进或阻碍健康的恢复。”①

这里提到的事例，主要是要说明精神刺激对身体的影响。从来没有人怀疑过精神和肉体的密切（虽然是难以理解的）关系。但是，如果假设精神刺激可以持续不断地以同等的强度应用，或者看到它暂时可以这样应用，就假设它可以用之不竭，用之不敝，那就表明作这种假设的人完全不了解精神刺激的性质。在这里提到的一些事例中，刺激的强度取决于刺激的新奇性和突然性。这种刺激由于其自身的性质，不能以同样的效力重复运用，如果反复运用，产生其强度的那种特性就会丧失。

在其他一些情况下，他是从微小的、局部的结果推论巨大的、一般的结果，从无数事例中可以看到，这种推理方法是十分错误的。忙碌和勤勉的人可以在某种程度上消减小病，或者不把它放在心上（这也许更加接近事实），而无所思虑的人却会集中注意力于这种小病；但是，这种情况并不能证明精神活动能够使某人忽视严重的热病、天花或黑死病。

一个人若目的明确，一心想达到自己的目的，则步行 20 英里后，不会注意到身体有点疲劳；但如使其目的性增强一倍，使他再走 20 英里，又使其目的性增强两倍，使他再走 20 英里，由此类推，他能走多远，终究取决于其体力，而不取决于其精神。鲍威尔为得到 10 畿尼而愿意走的路或许比葛德文先生为得到 50 万畿尼而愿意走的路还要远。一个具有中等体力的人在过分强烈的动机的影

① 《政治正义论》第 2、3 卷，第 653 页。——译者

响下，或许会由于用力过度而毁掉自己，而这种动机无论如何也不能使他在 24 小时内步行 100 英里。这个例子表明，如果认为一个人最初步行 20 英里毫不疲倦，是因为他似乎不疲倦，或者也许他自己几乎不感到疲倦，那就错了。人不能同时将其注意力高度集中于一种以上的对象。2 万镑已经使他全神贯注，因而轻微的脚疼或肢体有点不灵便不会引起他的注意。如果由于他步行 20 英里后确实同出发前一样精神饱满，机灵活跃，就说他能够像走那 20 英里那样不费力地再走 20 英里，再走 40 英里……就显然十分荒唐了。一匹良马在相当疲倦时，在踢马刺的催促和嚼子的适当操纵下会向前奔驰，在旁观者看来，它精力充沛，生气勃勃，像是刚刚起步。甚至这匹马本身沉浸于这种刺激物所激起的热情和激情之中，或许也不觉得疲倦；但是，如果根据这种现象进行论证，说只要上述刺激持续下去，这匹马就永远不会感到疲倦，那就完全背离一切理性和经验了。一群猎犬的吠叫，能够使一些马在奔驰 40 英里以后，同它们刚出发时一样精神饱满，生气勃勃。在开始追猎时，骑马的人也许一点不觉得马的力气和精神有所减退，但在使劲费力的打猎结束时，先前的疲劳就会产生很大的压力和影响，使这些马很快就感到疲倦。如果我持枪远行而一无所获，回到家里往往会由于疲劳而深感不快。他日，我走同样远的路打猎，猎获甚多，回到家里则依然精神很好。在这两天的当天，疲劳的感觉也许大有差别，但在这两天的翌晨，我却不会感到这种差别。我感到，在猎获甚多那一天的翌晨，我的肢体同样不灵便，我的脚同样疼痛。

在所有这些场合，看来与其说对精神的刺激真正抵消了肉体的疲劳，不如说它把人们的注意力从肉体的疲劳移开了。如果我精神上的力量真正抵消了肉体的疲劳，那么，为什么我在翌晨会感到疲劳呢？如果对马的刺激实际上同外表上一样完全克服了行程的疲劳，那么，又为什么走了40英里的马比没有走那么多路的马容易感到疲劳呢？我写这本书时，正逢牙痛猛烈发作。因为热中于写作，我常常暂时忘记疼痛。但我不能不感到牙疼还在继续发展，而传送痛感到大脑的神经此时也要求我对其振动给予适当的注意。神经的其他各种振动或许会进行干预，不许我答应它的要求，直到牙一下子疼得叫我无法忍受，不再感到神经的其他振动，把我写作的劲头打消，牙疼在大脑中占压倒一切的地位。在这个场合，同在其他场合一样，精神似乎几乎没有或根本没有克制或消除病痛的能力，而只是如果受到强烈刺激的话，具有转移注意力的能力。

然而，我并不是说，健全、旺盛的精神不具有使身体保持同一状态的任何趋向。精神和身体的结合极其紧密和密切，因而倘若它们的功能不能相互增进，倒是令人十分惊奇的。但是，比较起来，肉体对精神的影响还是大于精神对肉体的影响。精神的基本目的是满足肉体的欲求。如果这种欲求完全得到满足，活跃的精神固然往往会进一步漫游，徘徊于科学领域，或遨游于想象的世界，幻想它已“摆脱人世的纷扰”，而寻求类似的活动范围。但这一切努力同寓言中兔子所作的努力一样，是徒然的。行动迟缓的乌龟——肉体，总会超过精神，无论精神徘徊的范围怎样宽广；最活跃、最旺盛的精神虽然会勉强听从第一次或第二次召唤，但最后必然会在饥饿的要求面前屈服，或者随同筋疲力尽的肉体陷入睡眠状态。

有人也许会十分有把握地说，如果能发现一种药，使肉体不死，则精神也会随之不死。但精神不死似乎并不意味着肉体不死。相反，可以想象的最大的精神力量很可能会耗尽和摧毁肉体的力量。适度的精神力量似乎有利于健康，而过度运用脑力则会像人们常说的那样有损耗肉体的倾向。葛德文先生拿来证明精神的力量超过肉体的力量、从而证明人类有可能不死的大多数例子都属于后一类，不断地运用这种刺激，非但不能使肉体不死，反而会很快地摧毁肉体。

葛德文先生接下来考察的一个问题是，人类意志支配人类躯体的能力是否有可能增加。他的结论是，在这方面，某些人的意志力已伸展到另一些人无能为力的许多方面。但是，这种推理是以少数例外反对几乎是一般的法则；而这些例外似乎与其说是可以用于有益目的的力量，毋宁说是戏法。我从未听说有人能在热病中调节自己的脉搏，也很怀疑有没有人在其肉体疾病的正规疗治、从而在其寿命的延长上，曾经取得稍许可以感觉到的进展。

葛德文先生说："因为某种力量为我们现在观察所不及，便断言它在人类精神的界限之外，是极不明达的。"在这一点上，我承认，我的哲学观念同葛德文先生的哲学观念大相径庭。在具有哲学依据的推测和预言家布拉泽斯先生的断言之间，我只看到一种差别，这就是，前者建立在我们现在观察所得的各种迹象的基础上，后者则没有任何根据。我希望在人类的一切科学领域、特别是在物理学中还能有伟大的发现；但是，如果我们离开据以推测未来的过去的经验，尤其是，如果我们的推测完全与过去的经验矛盾，我们就会陷入没有确定性可言的旷野，于是任何一种假设都像其他假设一样适当了。倘若有一个人告诉我，人类的背后最终会同前面一样有一双手和一对眼睛，我应当承认，多一双手，多一对眼睛，是有用的，但是，我在过去从未看到有任何迹象可据以推断有可能发生这种变化，因而我有理由对此不予置信。如果这不能认为是有确实根据的反对理由，则一切推测便都是一样的了，且都同样具有哲学依据了。我承认，在我看来，按照我们现在所作各种观察的结果，说人类将来可以在世间永生，同人将有四只眼睛、四只手，或树木将横着生长而不是垂直生长一样，都没有真实的征兆可以证明。

也许有人会说，世界上有许多发现是人们毫未预见到和出乎意料的。我承认这种说法是正确的；但如某人不是按照过去事实的类比或指示来预言将有这些发现，他就只能称为先知或预言家，而不能称为哲学家。近代的某些发现足以使忒修斯和阿喀琉斯时代欧洲未开化的居民感到惊奇，但这几乎不能证明什么。不能指望几乎完全不知道机械力的人去猜测机械力的作用。我并不是说，我们现在已充分认识人类的精神力量；但是，我们对这种工具的了解肯定要比四千年以前人们所了解的多；所以，虽然我们不能说是称职的评判者，但我们肯定要比未开化的人更有资格说什么是我们精神所能把握的，什么是我们精神所不能把握的。一只表会像永动机那样使未开化的人感到惊奇；但在我们看来，表是一种最常见的机械，而永动机却是最有才智的人无论如何永远也制造不出来的。在许多场合，现在我们已知道，一些最初似乎完全可以无限改进的发明，为什么不能无限改进。最初改进望远镜的人也许会想，只要镜身加大、管子加长，这个仪器的放大力和效益就会增加；但其后经验告诉我们，视野的狭小，光线的不足，以及大气条件的增大，使人们不能从镜身和放大力极大的望远镜得到预期的有利结果。在许多知识领域,人几乎持续不断地取得了相当大的进步;在另一些知识领域,人的努力却常常遇到阻碍。这种巨大差别的起因未开化的人是猜想不出来的。我们所具有的较多经验却使我们对此多少有所了解,从而至少使我们能够较好地判断,什么是我们不能预期将来会发生的(这虽然是消极的,但却是一种十分有用的知识),尽管我们不能较好地判断什么是我们能够预期将来会发生的。

睡眠的必要性与其说是取决于精神,毋宁说是取决于肉体,因此,通过增进精神来非常明显地消除这一"显著的弱点",似乎是不可能的。一个在精神上受到很大的刺激、能够两三夜不睡眠的人必然会按比例地消耗他的体力,而健康和体力的减退很快就会妨碍他运用理解力,所以他虽然作出了这些重大的努力,但在消除睡眠的必要性上却似乎未取得任何真正的进展。

在精神能力和仁爱行为等等方面,我们所知道的各种人无疑具有十分显著的差别,使我们能够判断,智力活动是否对人类寿命的延长具有任何明显的影响。毫无疑问,这种明显的影响人们尚未看到。虽然无论是注重肉体还是注重精神,迄今都尚未产生使人类不死的作用,但若说何者在这方面具有较大的作用,那还是在某种程度上注重肉体而不是注重精神。饮食适度、经常认真锻炼身体的人一般比埋头进行脑力工作、常常忘记肉体的这种迫切需要的人更为健康。思虑不出田园、活动不出田园的隐居平民,同智力活动范围极其广泛、头脑比同时代的任何人都清楚的哲学家相比,也许具有同样长的寿命。注意死亡表的那些人都可以确切地看到,平均说来,妇女的寿命比男人长,虽然我不能说妇女的智力较低，但我以为，必须承认，由于妇女所受的教育不同，致力于富有活力的精神活动的妇女不像男人那样多。

从上述事例或与此类似的事例来看，或者从牵涉面更宽的事例，从几千年来世间存在的各种各样的人来看，从未看到人类的寿命由于智力的作用而产生明显的差别，因此，人在这个世界上必死同任何永恒的自然法则一样是确定无疑的，而且依据的理由也同任何永恒的自然法则一样。宇宙创造者的威力直接发生作用，固然可以突然或逐渐改变这些法则当中的一个或全部，但若没有发生这种变化的迹象，也不存在这种迹象，那么，假设人类寿命可以无限延长，就如同假设地球的引力会逐渐地变成排斥力，石头最终将上升而不是下落，地球在某一时候会脱离轨道而飞向更暖更热的太阳一样，是毫无哲学根据的。

毋庸置疑，那一章的结论给我们描述了一种非常美好和令人向往的情景，但它是凭空想象而不是以实际情况为依据的，不能引起人们的那种只有自然和盖然性才能使人们在内心深处产生的兴趣。

葛德文先生和孔多塞先生所作的人类寿命可以无限延长的这种推测，可以说是灵魂渴望不死的一个极妙的例子，我不能不对此加以评述就放下这个问题。这两位先生都拒绝接受绝对允许人类在另一种状况下永生的天启。一切时代最有才智的人都认为自然宗教的启示已经预示将来灵魂的不死，对于这一点，他们也拒不接受。可是，不死的观念与人类精神极为投合，所以他们又不能同意完全从他们的体系中排除这种观念。虽然他们对不死的唯一方式深表怀疑，但他们却另行提出了一种不死，不仅完全与哲学上的盖然性法则相矛盾，而且其本身也是极其狭隘、偏颇和不公正的。他们假设，一切伟大、善良和高尚的人——他们或者是曾经存在的，或者是可能在几千年、几百万年间存在的——都会归于寂灭，只有少数人——其数目不比能够同时在地球上生存的人多——最后能获得永生。这种教义如果作为天启的教义提出，我深信，宗教的一切敌人，或许葛德文先生和孔多塞先生也在其中，都会竭力加以嘲笑，认为它是迷信、愚蠢的人所能杜撰的教义中最幼稚、最荒唐、最拙劣、最可怜、最不公正，因而与上帝最为不配的一种。

这种推测就怀疑主义的矛盾提供了一种何等奇妙的证明啊！因为，应当看到，相信一种完全与始终如一的经验相矛盾的主张，同相信一种不与任何事物相矛盾、但完全超出我们现在的观察力和理解力所能达到的范围的主张之间，存在着十分明显的本质区别。[①] 我们周围的自然物极其纷繁，每天呈现在我们眼前的巨大力量也非常多，所以我们完全可以假定，自然界的许多形态和作用我们尚未看到，或者以我们现有的有限的知识也不可能看到。既然可以使谷粒萌生麦芽，使橡籽萌生橡树，则精神体脱离自然体而复活，似乎并不是令人惊讶的显示力量的事例。假使有一个有才智的人处在这样的环境里，致使他只熟悉无生物或已成熟的植物，

① 当我们的观察范围超出现世时，很明显，我们就只能靠权威、推测或者（实际上是）一种暧昧、模糊的感情来指导了。因此，我在这里所说的，在我看来，同我过去所说的——我曾说，认为某一事件会在没有过去与其相类似的事件预示的情况下发生，是没有哲学依据的——完全不矛盾。若涉及的是无人能返回的领域，我们当然应当放弃这个规则；但就预料可能在人间发生的事件而言，我们放弃这个规则就往往与正确的哲学相抵触。然而，我以为，类推法容许我们进行类推的幅度是极大的。例如，人类已经发现许多自然法则，类推法似乎就由此提示人们，他们还可以发现更多的自然法则；但是，任何类推法似乎都没有提示人们，他们会发现第六种感官，或者完全超出我们现在的观察范围，在人类精神中发现一种新的力量。

而从未亲眼目睹植物生长或成熟的过程；另外有一个人给他看两件物品，一颗麦粒，一粒橡籽。希望他加以检查，如果他愿意，还加以分析，并努力弄清它们的特性和本质；然后告诉他，这两小粒物质虽然在他看来也许微不足道，但却具有奇特的选择力、结合力、排列力和创造力，如果把它们放入土地，它们就会在其周围的泥土和湿气中选择对自己最适用的部分，以奇特的爱好、判断和行为，把这些部分收集和排列起来，长成美丽的形体，几乎完全不像当初放入土地的那两小粒物质，我想，无可置疑，我所假设的这个想象中的人在相信这种不可思议的断言以前，较之他如果听到如下的说法——即有一个拥有非凡力量的神，作为他周围所能看见、所能意识到的一切的造物主，依靠对人类的死亡和毁灭拥有的巨大力量，会以无形的或者至少是肉眼看不见的方式提高思想的本质，使之在另一种状态下更加幸福地生存——而表示相信以前，必然会更加犹豫不决，而要求提供更好的证据和更有力的证明。

按照我们自己的理解，对后一断言不利的唯一差别是，前一种奇迹[①]是我们经常看到的，后一种奇迹则是我们从未见过的。我

① 每一粒种子所显示的选择力，结合力和变形力都确实令人惊奇。谁能想象在这种微小的物质颗粒中含有这些不可思议的能力呢？在我看来，设想自然的伟大的造物主曾在这一切作用中充分显示自己的力量，是有哲学依据的。对这万能的神来说，它可以像使橡籽长成橡树一样容易地使橡树在没有橡籽的情况下长成。将种子撒布于土地的准备过程只是为了人类的利益，作为促使物质变成精神所必需的其他各种刺激之一而规定的。假设世界是创造和形成精神的一个伟大过程，这种想法既不与我们周围的自然现象相抵触，不与人类生活中的各种事件相抵触，也不与神对人的连绵不绝的启示相抵触。有许多器物必然会以不适用的形态由这个大熔炉产生。这些器物将被当作无用的东西打碎并扔在一边；而形态逼真、极其优美和漂亮的那些器物却会升至较幸福的境界，与伟大的造物主更为接近。

承认这种惊人的差别极为重要，但是，可以肯定，人们会毫不犹豫地说，如果将天启置之度外，则精神体离自然体而复活（这也许只是我们不能看到的自然作用之一），较之地球上的人类永生不死（这种情况不仅未曾显露任何征兆或迹象，而且完全与一直在人类观察范围之内的恒久不变的自然法则之一相矛盾），也许具有较大的可能性。

或许我又该为我花费这么多的时间去研究上述推测向我的读者表示歉意，我知道，有许多人会认为，这种推测太不合理，不可能实现，不必研究。但是，纵然它是不可能实现的，并且像我所认为的那样，与哲学的真正精神相悖逆，又为什么不应当在一种公正的考察中说明其所以如此呢？一种推测虽然最初看来是不可能实现的，但是如果它是由有才干、又有独创性的人提出的，似乎人们至少就应当对其进行一番考察。就我自己来说，我不是不愿意在一定程度上赞同世间人类或可不死的看法，如果能够用来支持这种看法的各种现象使我们感到应当表示赞同的话。在我们断定这种情况完全不可能出现以前，我们只能公正无私地考察这些现象；而从这种考察中我认为我们可以作出如下的推断，即，假设树木可以长得无限高，马铃薯可以长得无限大，固然没有理由，但假设人类的寿命可以无限延长，更加没有理由。①

① 虽然葛德文先生只是作为一种推测提出人类寿命可以无限延长的想法，但是，既然他提出了他认为对自己的假设有利的某些现象，他当然会认为这些现象应当得到考察，而这正是我想做的。

第十三章

葛德文先生把人类看作是仅仅具有理性的动物，这是错误的——人是一种复合动物，情欲对于人类理智作出的决定将永远是一种干扰力量——葛德文先生有关强制问题的推理——某些真理按其性质来说无法由一个人传达给另一个人。

在我们所讨论的那一章中，葛德文先生宣称要考察人口原理对于实行他的平等制度所起的阻碍作用。他认为，人口增长只有在遥远的未来才会起阻碍作用，我想从我的论述中已可以看得很清楚，他的这种观点是大错而特错的，用不着等到无数年以后，实际上只要30年以后，甚或30天以后，这种阻碍作用就会显现出来。假设人类在世间将趋于永远不死，也丝毫不会减轻这种阻碍作用。因此，在那一章中，有可能消除那种阻碍作用的，就只剩下这样一种假设了，即假设两性间的情欲将消失，但是，由于这仅仅是一种假设，没有任何证据的支持，因而完全可以说，那种阻碍作用的力量丝毫未受损害，无疑具有足够大的力量来推翻葛德文先生的整个平等制度。不过，我还是要对葛德文先生的若干著名论断发表一点意见，借此更为清楚地说明，他在《政治正义论》中展现给我们的人类和社会的性质将得到巨大改进的前景，虽然令人赞叹不已，但却几乎完全是痴人说梦。

葛德文先生把人类看作是仅仅具有理智的动物。至少在我看来，这是一种谬误，这种谬误弥漫于他的全书，且同他的全部推理混杂在一起。人的自觉行动或许产生于信念，但是信念受影响的程度，在既具有理性又具有肉体的动物那里同在仅仅具有理性的动物那里，是迥然不同的。葛德文先生在证明正确的推理和真理能够为足够多的人所接受时，先从实践上考察了这一命题，然后补充说："这便是以粗疏和实际的观点考察时，该命题所表现出来的样子。即便进行严密的考察，该命题也是不容争辩的。人是理性动物。"[①]我非但不把这称为严密的考察，反而认为这是一种最最不严密、最最不正确的考察方法。这种考察方法犹如先计算出物体在真空中的下落速度，然后硬说在有阻力的情况下，物体的下落速度与此相同。牛顿根本不是这样进行推理的。一般性命题很少能丝毫不差地应用于特殊问题。无论是月球环绕地球的轨道，还是地球环绕月球的轨道，都并非仅仅是距离平方的反比例。要使有关天体运行的一般性理论能完全应用于这些天体的运行，就必须精确地计算出太阳对月球的干扰力量，以及月球对地球的干扰力量；尚未正确地推算出这些干扰力量之前，实际观察这些天体的运动会证明，这种一般性理论并不十分正确。

我愿承认，每一自觉的行动都先有理智作出的决定，但是倘若说人的肉体倾向不会作为干扰力量严重影响理智所作的决定，那就与我所认为的有关这一问题的正确理论大相径庭了，也与一切

① 参阅《政治正义论》第1卷，第60页。

实际经验显然相矛盾了。所以,问题并不仅仅在于是否能使人理解清楚明白的问题,是否能使人相信无可辩驳的论点。人作为理性动物会明白真理,相信真理,但作为复合动物,人又会决心逆真理而动。贪欲、嗜酒、想占有美女的欲望,会促使人行动,尽管他们在采取行动时明明知道这样做会给整个社会的利益带来极其严重的后果。倘若消除了肉欲,他们会毫不犹豫地反对这种行为。若别人有这种行为,问他们怎么看,他们会立即予以谴责。但如果他们有肉欲,则在具体情况下,复合动物的决定会完全不同于理性动物的信念。

如果在这个问题上,这是正确的观点,而且理性与经验都证明这是正确的观点,那么,葛德文先生在其著作的第7章有关强制问题的几乎所有论断,就似乎建立在错误的基础之上。葛德文先生花费了一些时间嘲笑有人试图用殴打的方式使人相信理智,用殴打的方式阐明模糊的命题。毫无疑问,殴打既是可笑的,也是野蛮的,斗鸡也是如此,但前者要比后者与惩罚的真正目的有更多的关系。常见的(实际上是司空见惯的)一种惩罚方式是判处死刑。葛德文先生恐怕不会认为判处死刑是为了使人相信理智,至少有一点是很明显的,即用这种方式开启的理智不会给个人或社会带来多少利益。

惩罚的主要目的无疑是约束和儆戒。所谓约束就是把那些具有不良习惯而对社会有害的社会成员监禁起来。儆戒就是通过表达社会对某种罪行的看法,通过较为直接和明显地把罪行与惩罚联系在一起,来维持一种道德动机,劝阻他人不要犯罪。

在葛德文先生看来,监禁仅仅是一种权宜之策,他谴责单独监禁，尽管这实际上是提高犯人道德水平的唯一最有效方法。他大谈孤独会使私欲膨胀，而生活在社会中则会培育美德。但可以肯定地说，在犹如监狱的社会中，是不会培育美德的。假如能使罪犯仅仅同有才有德的人生活在一起，则罪犯很可能会比单独生活进步得更快。但有可能做到这一点吗？葛德文的聪明才智似乎更多地是用来挑毛病，而不是提出切实可行的补救方法。

譬如，他对惩罚不分青红皂白地一概予以谴责。诚然，有些国家为了惩一儆百，采用了极其残酷和野蛮的刑罚，但是，一种方法被滥用，并不能成为反对该方法的充足理由。在我国，一旦发生杀人案，警方必定会不辞辛劳地去侦破，将杀人犯绳之以法，这使普通人感到，杀人案迟早会被弄得水落石出；杀人所必须承担的后果，使人不寒而栗，迫使人在欲火中烧时放下屠刀，以免为了复仇而禁不住杀人。在意大利，杀人犯逃入教堂，往往就可以免遭刑罚，因而人们并不那么害怕犯杀人罪，也就经常发生人命案。不管什么人，只要对道德动机的作用稍稍有所了解，便绝不会怀疑，如果在意大利杀人犯一律受到惩罚，则人们在感情冲动时就会较少地使用短剑。

谁都不会愚蠢到这样的地步，认为人类的法律可以十分精确地量罪判刑。由于人类的动机莫测高深，因而要做到精确地量罪判刑是绝对不可能的，但这种缺陷，尽管可以称作是一种不公正，却不是反对人类法律的正当理由。人类经常要在两种罪恶之间作出抉择，这是人类所无法逃脱的命运。一种制度只要是防止较大罪恶的最佳方法，则这便是采用这种制度的充足理由。毫无疑问，应作出不懈的努力来尽量完善这种制度。但最容易的事莫过于给人类制度挑刺儿，最难的事莫过于提出切实可行的改进措施。可悲的是，有才能的人大都把心思用在前一件事情上而不是用在后一件事情上。

即便是俗语所说的明白事理的人也经常犯罪，这就足以证明，某些真理虽可使人信服，却不会对人的行为产生适当的影响。此外还有一些真理，按其性质来说，或许永远不可能由一个人充分传达给另一个人。在葛德文看来，理智快乐优于感官快乐是一条基本真理。若把各种因素都考虑进去，我倾向于同意他的观点；但我如何把这一真理传达给一个从未感受到理智快乐的人呢？这就如同要向瞎子说明颜色的样子。即使我有无比的耐心，不厌其烦地、反反复复地劝导他，我也绝不可能达到目的。在我们之间，没有衡量事物的共同尺度。我无法一步一步地使他明白，因为这是一个从性质上说根本无法加以证明的真理。我所能说的只是，一切时代的大仁大智者都无一例外地把理智快乐放在非常崇高的地位；我自己的经验也完全证明他们的决定是正确的；我发觉声色口腹之乐是毫无意义、转瞬即逝的，总是让人感到乏味和恶心；而理智上的快乐却似乎有一股清新之气，总使我感到年轻，使我无时不感到满足，给我的生命注入新的活力，使我的心灵长久地澄明和安宁。如果他相信我，那只是出于对我的尊敬和对我提及的人物的尊崇，这是信赖而不是信服。我所说的不能使他真正信服。这与推理无关，而牵涉到经历。他也许会回答说，你所说的对你自己和其他许多品德高尚的人来说也许是很正确的，但就我自己来说，我在这件事情上却有与此大不相同的感受。我晚上拿起书来读，常常是读着读着就睡着了，但若是参加舞会，或陪漂亮女人玩，我却精神焕发，感到真正享受了人生。

在这种情形下，推理和论证是毫无用处的。也许在未来某个时候，他会真正对感官的快乐感到厌腻，或某一偶然事件会唤醒他的智力，这种经历在一个月内所起的作用，是40年最为耐心细致的劝说也甭想做到的。

第十四章

葛德文先生整部书的基础，是关于政治真理的五个命题，这五个命题是不成立的——我们何以能根据人口原理带来的苦难而认为，人间的罪恶和人类的道德弱点永远不会被根除——葛德文先生所说的尽善尽美不适用于人类——人类究竟能达到何种尽善尽美的境界。

倘若上一章的论断是正确的，那么葛德文先生根据人类的自觉行动源于信念这一命题推论出的那些政治真理，显然就是不能成立的。他的五个推论是："正确的推理和真理，若能适当地传达，必将战胜谬误；正确的推理和真理是能够适当地传达的；真理是全能的；人类的罪恶和道德上的弱点并不是不可战胜的；人是可以完善的，换言之，是可以不断改善的。"

前三个命题可以说是一完整的三段论。如果所谓"适当地传达"指的是能对行为产生适当影响的信服，则就承认了大前提而否定了小前提，在这种情况下，结论即真理是全能的，自然也就不攻自破了。如果所谓"适当地传达"指的仅仅是人由于有推理能力而相信真理，那就否定了大前提，而小前提只有在能够加以证明的情况下才是真的，因而结论还是不能成立。据葛德文先生说，第四个命题即是前一个命题，只不过叙述方式略有改变而已。若是这样，则它必然也就和前一个命题一样是不能成立的。尽管如此，还是应该结合本书的主要论点探究一下，我们到底依据哪些特殊原因而认为，人类的罪恶和道德弱点在这个世界上绝不会被根除。

按照葛德文先生的说法，人是一种生物，之所以会成为现在这种样子，完全是从胚胎开始发育的那一时刻起接受的连续不断的印象所造成的。假如能使人处于这样一种环境，在该环境下，人不受坏印象的影响，那么尽管在该环境下是否会有美德是令人怀疑的，可是罪恶肯定会被根除。如果我没有理解错的话，葛德文先生论述政治正义的本书的主旨是要证明，人类的罪恶和弱点大都产生于不公正的社会和政治制度，如果能废除这些制度，能进一步启发人的理智，则这个世界上便会几乎没有或根本没有诱人作恶的事情。然而（至少在我看来），正如前面已经证明了的，这是一种完全错误的观念，不管政治或社会制度如何，大多数人在固定不变的自然法则的作用下，必然会受到作恶的诱惑，这种诱惑除了产生于情欲外，还产生于匮乏；根据葛德文先生对人的定义，此种印象以及印象的组合，在这个世界上的散播，必然会产生各种各样的坏人。按照葛德文先生关于品格形成的见解，在这种情况下，想要使所有的人品德高尚，就如同掷一百次色子，想要得到一百回六点那样不可能。连续不断地掷色子，可以得到很多很多不同的组合，在我看来，这可以恰当地代表这个世界上必然存在的各种各样的品格，因为按照葛德文先生的假设，人成为现在这种样子，是自从其存在的那一时刻起接受的各种不同印象造成的。这种比喻在某种程度上表明，假设例外将成为通则，假设极其罕见的组合会经常出现，假设各时代凤毛麟角式的大仁大智者会雨后春笋般地涌现，是荒谬透顶的。

我猜想得出，葛德文先生肯定会说，这种比喻在以下一点上是不准确的，就掷色子来说，前因或更准确地说前因出现的概率总是相同的，因而没有理由认为后掷的一百次色子会比先掷的一百次色子有更多的六点。但是，人却或多或少具有某种力量，可以影响那些形成品格的原因，凡来到世间的品德高尚者，通过其必然具有的影响力，会增加产生另一个有德者的可能性，而后掷的一次色子肯定不会比先掷的一次色子更有可能得到六点。我承认，就这一点来说，我的比喻是有点不准确，但却不能由此完全推翻我的比喻。经验已一再告诉我们：品德最为高尚的人虽然是有影响的，但影响力却很少能抵御强烈的作恶诱惑。毫无疑问，有些人会受到影响，但比这多得多的人却不会受影响。假如葛德文先生能证明，可以通过人为的努力消除作恶的诱惑，我就将放弃我的比喻，或至少承认，人们掷色子的方法会大有长进，以致每次都能得到六点。但只要影响品格的大多数印象与掷色子的方法一样，不受人类意志的支配，那么，虽说试图计算未来世界上善与恶的相对比例，是极端愚蠢、极端狂妄的，可却可以十分有把握地说，从整体上来看，人类的罪恶和道德弱点是不可克服的。

第五个命题是前四个命题的一般推论，既然其基础已坍塌，它也就不攻自破了。按葛德文先生对“可完善的”这个词的理解来说，绝不能宣称人类是可完善的，除非能明白无误地证明前四个命题是正确的。可完善性这个词还有另一种意义，在这个意义上，可以说人类是可以完善的。我们可以确信无疑地说，人类是可以不断地加以改善的，可以确信无疑地说，人类过去决未达到过，将来也不会达到完善的顶点。但却绝不能因此而说，我们改善人类的努力总是会取得成功，更不能说，人类在绝大多数时代都以突飞猛进的速度趋于完善境界。所能得出的唯一推论是，我们不可能知道这种改善的确切界限。此处，我禁不住要提醒读者看到一个区别，这个区别我认为就目前讨论的这个问题来说应特别加以注意。我指的是，无限的改善与无法确定界限的改善有本质上的区别。前一种改善就人类现有本性来说，不适用于人类，后一种改善则无疑适用于人类。

如前所述，人类真正的尽善尽美可用植物的尽善尽美来加以说明。富有雄心的花匠，据我看，是想把花的大小、比例和颜色统一起来。即便是最为成功的改良者，恐怕也不敢说他栽种的石竹花在这些方面已达到了无以复加的完美程度。他栽种的花再美，若加以更细心的照料，改换土壤，变换阳光的照射，也会得到更美的花。不过，尽管他也许知道宣称已达到了尽善尽美的境地是荒谬的，尽管他也许知道是用什么方法得到现在这么美丽的花朵的，但他却不敢肯定，采用同样的方法，花费更大的力气，是否会得到更美丽的花朵。尽力改善某一品质，或许会损害另一品质。他若用更肥沃的土壤来使花朵长得更大，这也许会破坏花萼，并立即破坏其匀称。同样，使用高效力的肥料诱致法国爆发大革命，使人类的心灵得到更大的自由，更具有活力，已胀破了人类的萼，致使社会不再具有约束力；尽管单个花瓣长得很大，尽管少数花瓣很壮很美，但现在却是一个松懈的、畸形的、互不相联的整体，没有统一、匀称和颜色的和谐可言。

假如改良石竹花是有意义的，则尽管不能指望把石竹花养得和洋白菜一样大，但无疑却可以指望通过不懈的努力获得比现在更好的品种。谁也不会否认增加人类的幸福是重要的。在这方面，每一极微小的进步都有很大的价值。但有关人的试验与有关无生物的试验大不一样。一朵花胀裂，是小事一桩，马上会有另一朵花顶替。但是，社会的约束力被破坏，却会导致社会各组成部分严重分离，致使千百万人遭受巨大苦难，要经过很长时间，忍受极大痛苦，伤口才能愈合。

上面考察的五个命题，可以看作是葛德文先生构筑的大厦的基石，其实可以视作其整部书的主旨，因而，不管他那显得不偏不倚的论证多么妙不可言，我们都不能不认为，他所要达到的宏伟目标完全落空了。人的复合性质，给葛德文先生提出了种种难题，对此他根本没有能力解决，不仅如此，我不赞成人类和社会的可完善性的论点也未受到其论证的丝毫损害。我充分相信自己的判断，认为人和社会是不可完善的，不仅就葛德文先生所理解的这个词的广义来说是如此，而且认为整个社会的状况与结构也不可能向着好的方面发生明显而惊人的转变。所谓整个社会不可能向好的方面转变，我的意思是，下层阶级，即人数最多因而从总的观点来看最为重要的那一部分人的生活境况，绝不会得到巨大而显著的改善。我敢断言，在任何古老的国家，不管富人作出多大的牺牲或努力，下层阶级人民的生活也不会达到 30 年前美国北方各州人民的那种水平。倘若我能活一千年，而自然规律又保持不变，则我敢肯定，绝不会发生与我的上述论断相矛盾的事情。

在未来的某一时期，欧洲的下层阶级也许会受到比现在好得多的教育，也许会以更好的方式利用自己所能支配的那点闲暇时间，而不是像现在这样把闲暇时光都消磨在酒馆里，也许会在比以往任何时候和任何国家的法律都更好、更平等的法律之下生活，而且我认为他们或许会有更多的闲暇时间（尽管这种可能性不是非常大），但是，从事物发展趋势上说，他们却不可能很有钱，很富有，以致全都能早婚，确有把握能很容易地养活一大家子人。

第十五章

模式过于完美，有时反倒阻碍改进，而不是促进改进——葛德文先生有关贪欲与浪费的论述——不可能把社会的必要劳动适当地分配给每一个人承担——嘲笑劳动在当前会产生恶，将来也不会带来善——农业劳动总量的增加，对劳动者来说永远都是好事。

在《询问者》一书的序言中，葛德文先生讲的一些话似乎暗示，自从他撰写《政治正义论》以来，他的观点已有所转变。《政治正义论》是他多年以前的作品，因而我不免想，我所一直反对的那些观点，大概葛德文先生自己也看出有必要加以修改了，不过我认为，在《询问者》一书的某些文章里，葛德文先生的独特思维方式和以往一样刺眼。

常有人说，虽然不能指望任何事情达到尽善尽美的状态，但在眼前竖立起一尽善尽美的模式，总是有益无害的。这种观点表面看来似乎有道理，但实际上却远非如此。我甚至怀疑它是否适用于一可能出现的最明显例证。我怀疑，年轻画家临摹完全画好的画儿，是否能像临摹线条较清晰、涂色方法较易辨识的画儿收获那么大。但是，如果我们所追求的完美模式不同于并强于自然存在的模式，我们肯定会向这种完美模式有所迈进，不过，由于我们的双眼紧盯着如此完美的模式，我们在其他方面的进步很可能会因此而受到阻碍。一种具有高度智慧而无需吃饭、无需睡觉的生物，无疑要比人类完美得多，但人类倘若要模仿这种生物，不仅无论如何模仿不来，而且还会由于尽力模仿不能仿效的事物，而损害他力图改善的那点理智。

葛德文先生所描述的那种社会形态和社会结构，从本质上说不同于世界上迄今所流行的任何社会形态，就像不吃、不睡的生物从本质上说不同于人类那样。即使我们改进当前的社会形态，我们也丝毫不会趋近于葛德文先生描述的那种社会状态，正如两个人平行前行，永远不会走到一起那样。所以问题是，我们把这种社会形态视为北斗星，究竟是会促进还是会阻碍人类的不断完善？在我看来，葛德文先生在其《询问者》一书论述贪欲与浪费的那篇文章中已得出了不利于其观点的结论。

亚当·斯密博士非常正确地指出，无论个人还是国家，都会由于节俭而变富，由于浪费而变穷，因而每个节俭者是其国家的朋友，每个挥霍者是其国家的敌人。他给出的理由是：节省的收入总是会用来增加资本，因而这部分收入不再用于供养非生产性劳动，而用于供养生产性劳动，即用于生产有价值的商品。显而易见，没有比这再正确的说法了。乍一看，葛德文先生在其文章中讨论的问题与这有点相似，但实质上却有天壤之别。他认为，浪费的危害是人所共知的事实，不必再加以论述，应该加以比较的是贪财者和花钱者。葛德文先生所说的贪财者同亚当·斯密博士所说的节俭者相比，至少就他们对国家繁荣的影响来说，是迥然不同的。节俭者把收入节省下来，增加资本，是为了赚更多的钱，因而他要么亲自运用这种资本来维持生产性劳动，要么借给他人来维持生产性劳动。他由此而使国家受益，因为他增加了国家的总资本，因为财富当作资本使用要比当作收入使用，不仅能调动更多的劳动，而且调动的劳动也更有价值。可是葛德文先生所说的贪财者却把财富锁在柜子中，无论是生产性劳动还是非生产性劳动，什么劳动也不调动。这种区别是本质上的区别，以致如果亚当·斯密博士的观点显然是正确的，那么葛德文先生在其文章中提出的观点就显然是错误的。葛德文先生肯定会想到，把供养劳动的钱锁起来，会带来某些危害。所以，他所拥有的削弱这种反对论点的唯一方法，便是对照比较这两种人，看哪一种人更能促进人为平等的幸福状态的到来，在葛德文先生看来，我们的两眼应时刻盯着这种平等状态，把其作为我们的北斗星。

我想，我在前面已经证明，这样一种社会状态完全是空中楼阁。那么，在政治发现的茫茫大海中，把这样一点当作我们的向导，当作我们的北斗星，究竟会带来什么样的结果呢？理性会告诉我们，由此而可以希望得到的，仅仅是愈刮愈大的逆风，无穷无尽而又毫无结果的苦役，船只经常失事，灾难一个接着一个。我们实际上非但丝毫不会趋近于那种完善的社会形态，而且由于白白浪费精力与体力向着无法行进的方向前进，由于总是失败，一而再、再而三地遇难，我们显然反倒会阻碍那种实际上可以进行的社会改良。

显而易见，按照葛德文先生的理论建立起来的社会，在无法逃避的自然法则的作用下，将分裂为所有者阶级和劳动者阶级，用仁爱取代自爱作为社会的推动力，非但不会带来有益的结果，反而会使人对这一漂亮字眼感到失望，而且还会使现在只是一部分人感受到的困苦被整个社会所感受到。天才人物的全部卓越努力，人类心灵的所有美好而细腻的感情，实际上文明状态区别于野蛮状态的一切东西，有哪一样不是仰赖于现行的财产制度，有哪一样不是仰赖于表面狭隘的自爱心呢。现行的财产制度和自爱心是人类得以上升到目前这一高度的梯子。文明人的本性尚未发生足够大的变化，使我们能够说他现在或将来能抛开这个梯子而不摔下来。

如果在超越了野蛮状态的每一个社会，都必然存在着所有者阶级和劳动者阶级①，那么很显然，由于劳动是劳动者阶级唯一的财产，因而凡是趋于降低这种财产价值的事物，必然也就趋于减少劳动者阶级拥有的财产。穷人自谋生路的唯一方法是运用自己的体力。体力是穷人能用以换取生活必需品的唯一商品。因而很显然，缩小这种商品的市场，减少对劳动的需求，降低穷人拥有的这一财产的价值，只会使穷人受害。

葛德文先生也许会说，整个交换制度是肮脏卑劣的。如果想要从根本上解救穷人的话，就应亲自分担穷人的劳动，把自己的钱分给穷人而不要求相应的回报。对此，我们可以回答说，即使能够劝说富人以这种方式帮助穷人，其作用也是微不足道的。富人虽然自以为很了不起，但其人数相对于穷人来说却很少，因而分担他

① 应该指出，本文的论述，只是想要证明所有者阶级和劳动者阶级存在的必然性，但却绝不能由此而推论说，当前财产分配上的巨大不均等是必要的，对社会是有益的。相反，必须把这种不平等视为一种罪恶，凡是促进这种不平等的制度从本质上说都是有害的，不适当的。但是，一国政府积极出面消除财富分配的不均等是否对社会有利，却是个疑问。用限制自由的制度来取代亚当·斯密博士和法国经济学家所提倡的那种宽容的完全自由的制度，也许是不上算的。

们的劳动只能解除他们很小一部分负担。假设所有生产奢侈品的人改而生产必需品，假设这种必要劳动可以适当分配给每一个人承担，那么每个人承担的劳动确实会比现在轻；然而，这种分担劳动的方法好倒是好，可我想象不出根据何种切实可行的原理[①]能做到这一点。前文已证明，仁爱精神，在葛德文先生所描述的那种严格而无私的正义的指引下，若发扬光大的话，将会使整个人类陷入贫困与苦难的深渊。让我们来看一下，如果所有者为自己保留一份适当的财产后把其余财产分给穷人而不要求他们做工来回报，那会带来什么样的后果。且不说广泛采用这种做法在当前的社会状态下会带来的懒惰与罪恶，会在多大程度上减少土地产品，会诱使劳动者过何种奢侈的生活，这些都暂且不谈，还有反对这种做法的另一个理由。

如前所述，在人口原理的作用下，缺穿少吃者将永远存在，任何时候都不会使每一个人都吃饱穿暖。富人的剩余也许能养活三个人，但却会有四个人想得到施舍，因而不得不从四个人中挑选三个人，由此而使被挑选上的人受到了恩惠，必然会感到受了别人很大的恩典，产生一种依附感。在这种情况下，富人会感觉到自己拥有权力，穷人则会感觉到自己的依附性。这两种印象对人类心灵的有害作用是众所周知的。所以，虽然我完全同意葛德文先生的观点，认为艰苦的劳动是一种罪恶，但我仍感到，艰苦的劳动同依

① 葛德文先生似乎不那么重视切实可行的原理。有一种人善于指出如何达到次好状态，另一种人则仅仅阐述现存社会状态的丑恶和另一种社会状态的美好，而不指出当下可以切实做些什么来促进我们进入美好状态。在我看来，人类的大恩人与其说是后者还不如说是前者。

附于他人相比，是一种较小的罪恶，不会使人类心灵堕落得那么厉害，而且我所读过的全部人类史都明白无误地表明，让一些人握有永久性权力是极其危险的。

在当前的情况下，特别是在有人需要劳动的时候，某人为我干一天活儿给予我的恩惠，同我给予他的恩惠一样多。我拥有他需要的东西，他拥有我需要的东西。我们可以友好地互相交换。穷人由此而可以感到自己的自立，可以抬起头走路，雇主的心灵也不会被权力欲所玷污。

三四百年前，相对于人口而言，英国劳动者的人数无疑要比现在少得多，依附性要比现在大得多，我们现在能享有这么大的公民自由，也许正是因为建立了制造业后，穷人能够用某种东西来换取大地主的食物，而不是依赖于大地主的施舍。即便是贸易和制造业的最大敌人（我并不认为我是贸易和制造业最忠诚的朋友）也得承认，随着贸易和制造业在英国的建立而给公民带来了自由。

以上所述丝毫没有贬低仁爱之心的意思。仁爱之心是人类心灵中最高尚、最神圣的品质之一，也许是从自爱之心缓慢而逐渐产生出来的，随后成为一项一般法则，其天生的作用是帮助克服其生身父母即自爱之心的种种毛病，缓和其乖情，矫正其暴躁，抚平其皱纹；这似乎就是整个大自然的写照。也许没有一项自然法则不在某种程度上带来罪恶，至少在我看来是如此；而与此同时我们也时常看到，大自然的某种慷慨赠予会作为另一项一般法则纠正前一种法则造成的不平等。

仁爱之心的作用实际上就是在某种程度上缓和自爱之心带来的恶，但仁爱之心绝不能取代自爱之心。如果人只有在完全弄清了自己的一种行为是否比另一种行为更加有利于公共福利之后才能有所行动,那么最聪明的人也不免会茫然不知所措,愚昧无知者则会一个大错接着一个大错地犯。

由此可见,葛德文先生并未提出任何切实可行的原理,据此可以把必要的农业劳动分配给全体劳动者阶级来承担,因此,他泛泛地反对雇用穷人干活儿,似乎是想通过现在的大恶来追求未来可望而不可即的善。因为,如果谁雇用穷人,便把谁看作是与穷人为敌,看作是压迫穷人,如果因此而宁愿要守财奴而不要花销者,那么,为了有利于社会,现在的花销者就应转变为守财奴。假设有10万名雇主,每个雇主雇用10个人,他们现在把钱锁入钱柜,则显而易见,将会有100万各行各业的工人丢掉饭碗。即便是葛德文先生恐怕也不会否认,在当前的社会状态下,这会带来巨大的灾难,因而葛德文先生或许很难证明,这种守财行为要比花销行为更加有利于"使人类处于所应处的状态"。

但葛德文先生说,守财奴实际上什么也没有锁起来,人们未能正确地理解这个问题,财富的性质已发生变化,当前有关财富的定义不适用于说明这一问题。他给财富下了一个很正确的定义,说财富是人类劳动生产的商品,接下来指出,守财奴既没有把谷物锁起来,也没有把耕牛、衣服、房屋锁起来,但他却把生产这些东西的能力锁起来了,这实际上同把这些东西锁起来是一样的。诚然,与其同一时代的人会照样使用和消费这些东西,就像他是个乞丐那样,但是,如果他用钱财开垦更多的土地,饲养更多的耕牛,雇用更多的裁缝,建造更多的房屋,则与其同时代的人会有更多的物品使用和消费。即使暂且假设,守财奴的行为不阻碍真正有用的东西的生产，也会出现这样一个无法解答的问题，即：所有那些失业者将用什么东西来换取社会生产的食物和衣服？

我完全同意葛德文先生的看法，现在世界上穷人付出的劳动远远多于实际需要的劳动数量，即使下层阶级一致同意每天工作不超过六七个小时，人类幸福所必需的商品也照样会生产出来，数量丝毫不会比现在少。但我们却很难想象这种协议会得到遵守。在人口原理的作用下，有些人必然会比另一些人更贫穷。儿女多的人自然想多干两小时活儿，以换取较多的生活资料。怎样来阻止他们作这种交易呢？若订立明确的规章来干预人类对自己劳动的支配权，那就是侵犯人类拥有的最为基本和最为神圣的财产。

所以，除非葛德文先生能提出某种切实可行的方案，据此可以平均分配社会所需要的全部劳动，否则，他对劳动的诅咒，不引起人们的注意则已，一旦引起人们的注意，便必将产生更多的恶，而丝毫不会使我们趋近于那种人为平等的状态。葛德文先生把这种人为的平等状态视若北斗星，在他看来，我们现在就应把它当作向导，以此决定人类应该做什么，不应该做什么。但我要说，航海家若以这样的北斗星作指引，很可能会触礁遇难。

对于一个国家来说，特别是对于一个国家的下层阶级来说，最有利地利用财富的方式，也许是改良土地，使本来不值得耕种的土地肥沃而多产。假如葛德文先生运用其雄辩的口才来向那些雇用穷人生产奢侈品的人描述雇用穷人改良土地的价值和效用，那么每一个开明人士肯定会为他欢呼。农业劳动需求的增加，必将有助于改善穷人的境况；如果增加的劳动用于改良土地，则穷人非但不会为 8 小时的报酬工作 10 小时，实际情况反而正好相反，劳动者以前养活一家老小需要干 8 小时的活儿，现在只要干 6 小时就行了。

生产奢侈品的劳动，虽然有助于分配全国的产品，而不以权力败坏所有者的道德，不以依附性降低劳动者的人格，但却无助于改善穷人的境况。制造业方面劳动的大幅度增加，虽然比农业劳动需求的增加更加有助于提高劳动的价格，但是由于在这种情况下，全国的食物数量不可能相应增加，因而穷人得到的利益仅仅是暂时的，因为相对于劳动的价格而言，食物的价格必然会上涨。关于这一问题，我不能不谈到亚当·斯密博士的《国富论》，假如我与政治界的这位大名鼎鼎的人物有分歧，那我是不胜惶惑的。

第十六章

亚当·斯密博士认为，社会收入或社会资本的每一次增加都会导致供养劳动者的基金增加，这种观点也许是错误的——在某些情况下，财富的增加丝毫无助于改善穷苦劳动者的境况——英国财富的增加，并未相应增加供养劳动者的基金——在中国，即使制造业使财富增加，穷人的境况也不会得到改善。

据亚当·斯密博士公开宣称，写作《国富论》的目的，是研究国民财富的性质和原因。不过，与此同时，他间或还进行了另一种也许更加令人感兴趣的研究，我指的是他有时还研究影响国民幸福或下层阶级幸福与安乐的种种因素，无论在哪一个国家，下层阶级都是人数最为众多的阶级。我很清楚，这两个问题是紧密相关的，一般说来，有助于增加一国财富的因素，也有助于增加下层阶级的幸福。但是，亚当·斯密博士也许把这两者的关系看得过于紧密了；至少他未注意到另外一些情况，即有时社会财富（就他给财富下的定义而言）的增加，丝毫无助于增加劳动阶级的幸福。我并不想从哲学上考察构成人类幸福的各种要素，而只想考察其中两个得到公认的要素，即健康和对生活必需品和便利品的支配权。

穷苦劳动者的安乐取决于供养劳动的基金的增加，完全与这种基金的增加速度成比例，这一点几乎是没有什么疑问的，或者说是毫无疑问的。这种增加引起的对劳动的需求，会在市场上引起竞争，从而必然提高劳动的价值。在生育扶养出所需的追加工人之前，供养劳动者的基金增加了，而分享这种基金的人数却保持不变，因而每个劳动者将比以前过得好。但是，亚当·斯密博士认为，社会收入或社会资本的每一次增加都会导致供养劳动者的基金增加，这种观点也许是错误的。固然，这种剩余资本或收入，总是会被占有这种剩余的人看作是追加的基金，可用来供养更多的劳动者；但是，除非增加的全部资本或收入或至少其中的很大一部分，能转变为在数量上与此成比例的食物，否则，增加的收入就不会是真正有效的可用以供养追加劳动者的基金。而如果收入的增加仅仅是劳动产品的增加造成的，不是土地产品的增加造成的，增加的收入就不会转变为食物。在这种情况下，社会资本所能雇用的工人人数与土地所能供养的工人人数显然就是有区别的。

且举一个例子来说明我的意思。根据亚当·斯密博士给国民财富所下的定义，一国的财富是由该国的土地年产品和劳动年产品构成的。显而易见，根据这一定义，财富不仅包括土地产品，而且还包括制造品。现假设某一国家在一段时间内把每年节省的年收入仅仅添加到制造业使用的资本上，而不增加用于土地的资本，那么很显然，根据上述定义，该国会变得更富，虽然它没有能力养活更多的劳动者，因而供养劳动者的实际基金也丝毫没有增加。尽管如此，每个制造业者却有能力或至少他自认为有能力扩充其原有的营业资本或增添新业务，因此而会对劳动产生新的需求。这种需求自然会提高劳动的价格，但是，如果该国食物的年储存量未增加，劳动价格的上涨很快就会变成仅仅是名义上的上涨，因为食物的价格必然也会随之上涨。诚然，对制造业劳动者的需求增加，会诱使许多人脱离农业，从而会减少土地的年产品，但是，我们假设，农具的改进将完全抵消这种作用，从而食物产量将保持不变。当然，制造业使用的机器也会得到改进，这一因素，加上制造业雇用的工人增加，会使该国劳动的年产品从总体上说大大增加。因而，根据上述亚当·斯密给财富下的定义，该国的财富每年会不断增加，而且增加的速度也许不会很慢。

问题是，由此而增加的财富是否有助于改善穷苦劳动者的生活境况。一个不言自明的命题是，在食物存量保持不变的情况下，劳动价格的普遍提高，只能是名义上的提高，因为食物价格必然也会很快跟着相应提高。所以，我们所假设的劳动价格的提高，将几乎不会或根本不会使穷苦劳动者拥有更多的生活必需品和生活便利品。在这方面，他们的处境将几乎和过去没有什么两样。而在另一方面，他们的处境会更糟。将有更多的穷苦劳动者在制造业中工作，因而农业部门的劳动者将减少。我认为，大家都会承认，职业的这种变换对于身体健康是非常不利的，而健康对于人类幸福来说是一极其重要的因素，此外，由于人的爱好变化无常，由于战争的爆发或由于其他原因，制造业的劳动同农业劳动相比更加不稳定。

有人或许会说，我所假设的这种情况是不可能发生的，因为食物价格的上涨会立即使一部分增加的资本流入农业部门。但这是很缓慢的，因为劳动价格已先于粮食价格而上涨，这会阻碍土地产品价值的上涨对农业产生有利的影响。

另一些人或许会说，该国资本的增加，会使该国有能力进口足够的粮食来供养它所能雇用的人。像荷兰那样的小国，若拥有强大的海军，内陆交通运输发达，确实可以进口和销售大量的食物；但是在这方面条件较差的大国，食物价格必须非常高才能使进口和销售食物有利可图。

也许从未出现过与我的假设完全相同的情形，但我确信，不用费很大力气便可发现与其相类似的情形。我实际上特别认为，革命以来的英国就为我的论点提供了一非常明显的例证。

我国的商业，无论是国内的还是国外的，在上个世纪确实发展得很快。我国土地和劳动的年产品在欧洲市场上的交换价值，无疑也有很大提高。但仔细考察一下就会发现，提高的主要是劳动产品的价值而不是土地产品的价值，因而，虽然我国的财富迅速增加，但供养劳动者的实际基金却增加得很慢，结果是可想而知的。我国财富的不断增加几乎没有或丝毫没有改善穷苦劳动者的生活境况。我认为，他们现在掌握的生活必需品和生活便利品并不比过去多，却有比革命时期多得多的穷苦劳动者在制造业中干活儿，拥挤在不通风的、对身体有害的屋子里。

普赖斯博士说，英国的人口自革命以来在不断减少，假如我们相信他的这种说法，那么很显然，供养劳动者的实际基金在其他方面的财富增加时却在不断减少。因为我认为，一条一般性规律是，如果供养劳动者的实际基金在增加，也就是说，如果不仅资本可以雇用更多的劳动者，而且土地也可以供养更多的劳动者，那么很快就会生养出较多的劳动者，即便发生普赖斯博士所列举的那一场场战争。所以，如果某一国家的人口处于停滞状态或减少，我们就可以很有把握地推论说，不论其制造业方面的财富有多大增长，其供养劳动者的实际基金没有增加。

英国的人口自革命以来在不断减少，这让人很难想象，可是所有证据都证明，英国的人口即使有所增加，也增加得很缓慢。在这一问题引起的论战中，普赖斯博士毫无疑问要比其对手对这一问题的了解更全面、更精确。仅仅根据这场论战来判断，我认为应该说，普赖斯博士的观点要比霍莱特博士的观点更接近于事实真相。事实真相也许在这两种主张之间。我们认为，人口的增长自革命以来同财富的增长相比一直是很缓慢的。

很少有人会相信，在过去的一百年中，土地产品在不断减少，或处于绝对静止状态。圈占公有地和荒地确实有助于增加我国的食物，但有人一直深信，圈占公有田地常常有相反的作用，以前生产大量谷物的大片土地，转变成牧场后，雇用的人手比圈占前减少了，养活的人口也比以前少了。一条公认的真理是，在肥沃程度相等的情况下，一块土地用于放牧所能生产出来的人类生活资料，要少于用于种植谷物所能生产出来的人类生活资料。假如能确定无疑地说，由于对上等鲜肉的需求不断增加，从而由于其价格不断上涨，每年有更多的良田用于放牧，那就可以肯定，由此而导致的人类生活资料的减少，或许已抵消了圈占荒地和农业的一般改良所带来的利益。

当前鲜肉价格高昂，并非是由于鲜肉稀少，以前鲜肉价格低廉并非是由于鲜肉充足，这是毋庸赘言的。价格今昔不同，是因为牲畜今昔上市所需的费用不同。不过，一百年前我国家畜的数量也许比现在多，但毫无疑问，现在上市的优质肉要比以往任何时候都多。过去鲜肉价格低廉时，家畜主要是在荒地上饲养的；除了供应某些大市场的肉外，家畜也许不等到上膘就被屠宰了。当前在一些边远的郡出售的小牛肉，价格很低，但与在伦敦购买的小牛肉相比，除了名称相同外，别无相同之处。从前，鲜肉的价格不足以补偿在荒地上饲养家畜的费用，更不用说补偿在可耕地上饲养家畜的费用了，现在的价格则不仅能补偿在很好的土地上使家畜增膘的费用，而且甚至能补偿在高产田地上饲养家畜的费用。不同时期屠宰的相同数量的家畜，甚至相同重量的家畜，消费（恕我使用这样的表达方法）的食物数量是大不相同的。用法国经济学家的话来说，一头膘肥体壮的家畜在某些方面可以看作是一个非生产性劳动者，所谓非生产性劳动者就是不为其所消耗的原料增添任何价值的人。相对于我国土地的一般肥沃程度而言，当前我国饲养家畜的方法要比过去的饲养方法更严重地减少食物数量。

我的意思绝不是说，以前的饲养方法能够或者应该继续采用。鲜肉价格的提高，是农业全面进步所带来的一个自然而不可避免的结果；但我不能不认为，当前对优质鲜肉的需求之大，因而每年用以生产优质鲜肉的良田之多，加上当今用于娱乐的马匹之众，乃是致使我国的粮食数量不能与土地肥力的提高同步增加的主要原因。我认为，在这些方面改变一下习俗将会对我国的粮食数量从而对于我国的人口产生非常明显的影响。

大量最为肥沃的土地用于放牧，农具不断得到改进，大农场日趋增加，特别是全国各地小农的人数不断减少，这一切都证明，现在从事农业劳动的人很可能不像革命时期那样多。因此，增加的人口肯定几乎都被吸收到制造业中了，而制造业需要更多的人手，仅仅是由于时尚变幻无常，例如过去人们喜欢丝绸，现在则喜欢鞋带和暗扣。这些再加上行会和教区法对劳动市场的限制，经常迫使成千上万的人靠救济为生。其实，济贫税的大幅度提高就有力地证明，穷人掌握的生活必需品和生活便利品并未增加。在这方面，穷人的境况与其说得到了改善还不如说恶化了，此外，现在有比过去多得多的穷人在大制造厂内干活儿，无论在健康上还是在道德上都深受其害，若考虑到以上两点，就不得不承认，近年来财富的增长丝毫无助于增加穷苦劳动者的幸福。

一国资本或收入的每一增长，不能看作是供养劳动者的实际基金的增长，因而也就不可能对穷人的境况产生有利的影响。把这一论点应用于中国，这一点会看得很清楚。

亚当·斯密博士指出，中国也许很久以前就已富裕到了其法律和制度的性质所允许的程度，如果改变法律和制度，如果重视对外贸易，中国也许会更加富裕得多。但问题是，财富的这种增长是否会使供养劳动者的实际基金也增长，从而有助于使中国的下层人民过较富裕的生活？

显而易见，如果中国非常重视国内商业和对外贸易，则由于劳力充裕和劳动价格低廉，中国可以制造出大量产品供出口。同样明显的是，由于其所需的食物数额巨大，由于其领土面积大得惊人，中国无论进口多少食物，也不会使其每年的食物总量有明显的增加。因此，中国主要会用其巨大数量的制造品来同世界各国交换奢侈品。当前在食物生产方面，中国似乎未节省任何劳动。相对于资本所能雇用的劳力来说，中国的人口过于稠密了，因而劳力非常充裕，也就无需费力节省劳动。由此而带来的结果也许是，土地在提供所能提供的最高食物产量。节省劳动的方法虽说也许使农民能以较低的价格向市场供应一定数量的食物，但却会减少而不是增加总产品，因而在农业中，节省劳动的方法在某些方面更应当看作是对私人有利，而不是对公众有利。

中国若运用大量资本建立制造业来为出口生产物品，势必要从农业中吸收大量劳力，致使上述状态发生变化，在某种程度上减少国家的总产量。制造业对劳力需求的增加，自然会提高劳动的价格，但由于食物数量不会增加，因而食物价格会以相同的幅度上涨，而如果食物数量实际减少，食物价格上涨的幅度甚至会超过劳动价格上涨的幅度。中国的财富显然会增加，其土地年产品和劳动年产品的交换价值会逐年提高，然而供养劳动者的实际基金却将保持不变，甚或减少，因此，中国财富的增长与其说会改善穷人的生活境况，还不如说会使穷人的生活境况恶化。就所掌握的生活必需品和舒适品的数量来说，穷人的状况会和以前相同或者比以前更差；而且会有许多穷人不再从事有益于健康的农业劳动，转而在有损于健康的制造业中干活儿。

上述论点应用于中国之所以会显得更加清晰明了，是因为大家都承认，中国的财富长期以来一直处于停滞状态。就任何其他国家来说，若拿两个时期作对比，哪个时期财富的增长较快，总是个争论不休的问题，而根据亚当·斯密博士的说法，穷人的生活境况正是取决于财富的增长速度。不过显而易见，两个国家的年土地产品的劳动产品的交换价值是可以按完全相同的速度增加的，然而如果一国主要从事农业，另一国主要从事制造业，那么供养劳动的基金，从而财富增长在这两个国家所起的作用，将会是迥然不同的。在主要从事农业的国家,穷人的生活会很富裕,人口会迅速增长。在主要从事商业的国家,穷人得到的利益相对来说则少得可怜,因而人口的增长也很慢。

第十七章

什么是一国财富的适当定义——法国经济学家认为所有制造业者都是非生产性劳动者，他们这样认为的理由是不成立的——工匠和制造业者的劳动虽然对国家来说不是生产性的，但对个人来说却完全是生产性的——普赖斯博士的著作中一段值得注意的话——普赖斯博士错误地认为，美国的幸福状态和人口的迅速增长主要是其特有的文明状态造成的——拒不承认社会改良道路上的困难毫无益处。

这里自然会产生这样一个问题：土地和劳动年产量的交换价值，是不是一国财富的适当定义，或者是否应按照法国经济学家的做法，把一国的财富更精确地定义为土地总产量的价值。确实，根据法国经济学家的定义，财富的每一增加都会增加供养劳动者的基金，从而总是有助于改善穷苦劳动者的生活境况，而根据亚当·斯密博士的定义，财富的增加却不一定会产生这种作用。然而，并不能由此而推论说，亚当·斯密博士的定义是不正确的。从许多方面来说，把一国人民的衣服和住房排除在收入之外，是不合适的。与一国所需的粮食相比，许多这类东西确实是微不足道而没有多大价值的，可是仍应当把它们看作是国家收入的一部分，所以我不同意亚当·斯密的地方仅仅是：他似乎认为，一国收入或资本的每一增加都会增加供养劳动的基金，从而总是有助于改善穷人的生活境况。

富国生产的细丝、棉布、花边和其他用于装饰的奢侈品，会大大有助于增加该国年产品的交换价值，但对于增加社会的幸福总量却作用很小，因而在我看来，我们估价不同种类劳动的生产性和非生产性时，应着眼于产品的实际效用。法国经济学家认为，用于制造业的全部劳动都是非生产性的。把用于制造业的劳动同用于土地的劳动相比较，我完全倾向于同意法国经济学家的观点，但我持这种观点的理由却与他们列举的理由不尽相同。他们说，用于土地的劳动之所以是生产性的，是因为土地产品在向劳动者和农场主支付全部报酬后，还能向地主支付纯地租，而用于生产花边的劳动之所以是非生产性的，是因为花边仅仅能补偿工人消费的食物和雇主垫付的资本，一点纯地租也不提供。但假设花边具有很大的价值，以致在向工人和雇主支付全部报酬后，仍能向第三者提供一种纯地租；在我看来，即使如此，相对于使用在土地上的劳动而言，用于生产花边的劳动也仍然是非生产性的。虽然根据法国经济学家的推理方式，在这种情况下，雇用来制造花边的人似乎是生产性劳动者，然而根据他们对一国财富所下的定义，却不应把这样的人看作是生产性劳动者。他不会为土地总产品增添任何东西，反而消耗了一部分土地总产品，而只留下少许花边作为回报；虽然他出售花边换得的食物可以是他制作花边时消费的食物的三倍，从而对于他自己来说，制作花边的劳动是生产性很高的一种劳动，然而却不能认为他通过这种劳动增加了国家的财富。所以，某种产品在支付了生产费用后所能提供的纯地租，似乎并不是据以判断某种劳动对于一个国家来说是生产性的还是非生产性的唯一标准。

设有 20 万人生产制造品,这些制造品仅仅有助于满足少数富人的虚荣心,假如现在改而雇用这 20 万人开垦荒地,仅能生产出他们消费的食物的一半;那么,即使如此,对于国家来说,他们现在也比过去是生产性更高的劳动者,尽管他们的劳动非但不能向第三者提供地租,而且生产出来的食物只能补偿所消费的食物的一半。在前一种情况下,他们消费一定数量的食物而生产出一些丝绸和花边。在后一种情况下,他们消费同样数量的食物而生产出可养活 10 万人的食物。生产出来的这两种产品究竟哪一种真正对国家最为有利,是不言而喻的。我认为,与其用财富养活 20 万人生产丝绸和花边,还不如养活他们来生产更多的食物。

用于土地的资本对于使用资本的个人来说也许是非生产性的,但对于整个社会来说却是高度生产性的。与此相反,用于工商业的资本对于个人来说也许是高度生产性的,但对于整个社会来说却可能几乎完全是非生产性的;正是由于这一原因,我才把相对于农业劳动而言的制造业的劳动称作非生产性劳动。的确,我们在看到工商业积聚起巨额财富和许多商人过着非常富裕的生活时,几乎不能同意法国经济学家的说法,按照他们的说法,制造业者只有依靠节衣缩食才能发财致富。其实,在许多行业,利润非常大,足以向第三者提供纯地租,但由于根本没有第三者,由于全部利润都集中在制造商或商人手中,因而他们似乎用不着节衣缩食就可以发财致富,所以我们就看到一些并非以节俭著称的人通过经营工商企业发了大财。

日常经验告诉我们,用于工商业的劳动对于个人来说是高度生产性的,但对于国家来说却肯定不具有相同程度的生产性。食物的每一增加都有助于增进整个社会的直接利益。但得自商业的财富却仅仅是以间接的、不确定的方式有助于增进整个社会的利益,在某些方面甚至具有相反的倾向。目前国内贸易是各国最重要的商业活动。中国没有对外贸易,却是世界上最富裕的国家。因而我们暂且可以撇开对外贸易而得出这样的结论:通过精巧的制造业而从原有食物总量中获取双份食物的人,肯定不如通过自己的劳动为原有食物总量增添一份食物的人对国家有用。丝绸、花边、装饰物以及昂贵的家具等消费品,毫无疑问是社会收入的一部分,但仅仅是富人的收入,而不是整个社会的收入,所以不能认为这部分收入的增加具有和粮食增长相同的重要性,因为只有粮食才是广大人民群众的主要收入。

按照亚当·斯密给财富下的定义(而不是按照法国经济学家所下的定义),对外贸易可以增加一国的财富。对外贸易的主要用处,以及人们一般之所以如此高度重视对外贸易的原因,是它可以大大增加一国的对外力量,大大增加一国对其他国家劳动的支配权;但仔细考察一下就会发现,对外贸易几乎无助于增加国内供养劳动者的基金,因而几乎无助于增进绝大多数社会成员的幸福。按财富增长的自然顺序来说,制造业和对外贸易的发展应在农业的高度发展之后。在欧洲,事物的这一自然顺序被颠倒了过来,土地的耕种依赖于制造业的过剩资本,制造业的兴起并非依赖于农业资本的过剩。城市中的工业受到了较多的鼓励,工匠的劳动由此而得到了比农业劳动要高的报酬,欧洲为什么有那么多土地未得到耕种，原医也许正在于此。假如整个欧洲奉行另外一种政策，欧洲的人口无疑会比现在多得多，但又不会因人口较多而陷入困境。

人口增长会造成困境，这是个令人感兴趣的问题。在我看来，对这个问题需作详尽而深入的讨论，而这远非是我所能做到的。但在撇开这一问题之前，不能不提及普赖斯博士在其著作中说的一段非常离奇的话。他列出了一些表格来说明城市和乡村人寿的概率，接着便说[①]："通过这种比较可以看得很清楚，一些人把大城市称作人类的墓地，是非常符合实际情况的。同时也肯定使所有善于思考的人相信了我们在上一卷第四篇论文的末尾所说的话，即把人类的各种疾病看作是大自然的本来意图，严格说来是不合适的。一般说来，人类的各种疾病无疑都是人类自己造成的。假如有这样一个国家，其居民都过着完全自然而合乎道德的生活，那么肯定地说，他们当中的绝大多数人都会享尽其天年，不会知道痛苦和疾病，死亡仅仅是逐渐而不可避免的衰老的结果，会像睡眠那样降临到他们的头上。"

我不得不说，根据普赖斯博士在其两大卷著作中所列举的事实，我只能得出完全相反的结论。在阅读普赖斯博士的著作以前，我在一段时间内便意识到，人口和食物是以不同比率增长的，因而我朦胧地感到，要使这两者保持平衡，只有借助于某种苦难和罪恶的力量，而仔细读了普赖斯博士的两卷本《关于恤金赔付的意见》后，上述朦胧的意识立即变成了一种信念。他列举了大量事实证

① 理查德·普赖斯：《关于恤金赔付的意见》第2卷，第243页。

明，人口若不受抑制会极其迅速地增长，并举出了许许多多证据说明，大自然的一般规律会怎样抑制人口过剩，在做了所有这一切之后，他竟写下了我所引述的那一段话，简直令人不可思议。他极力倡导早婚，认为这是防止人们道德败坏的最好方法。他不像葛德文先生那样幻想两性间的情欲会消失，也不认为能用孔多塞先生暗示的方法逃避困境。他常常说应该给予大自然的增殖力以发挥作用的余地。然而，尽管他有以上种种想法，尽管他不可避免地本应得出以下明显的推论：人口若不受到抑制，会以无比快的速度增长，以致即使人类作出最有效的努力，地球也生产不出足以供养人类的食物，但是，他却没有得出这一推论，我吃惊的程度犹如他否定了欧几里得的一个最明白的命题。

普赖斯博士在谈到文明的不同阶段时说："最初的、纯朴的文明阶段，最有助于人口的增加，最有助于增进人类的幸福。"接着他以美洲殖民地为例，认为这些殖民地当时就处于最初的、最幸福的状态，认为它们非常明显地表明了不同的文明状态对人口所产生的影响。但是，普赖斯似乎没有意识到，美国人的幸福与其说取决于其特有的文明状态，还不如说取决于其作为新殖民地的特有状况，即取决于其拥有大量未耕种的肥沃土地。在挪威、丹麦、瑞典或我国的某些地区，三四百年以前的文明程度和现在美国的文明程度相同，但幸福程度和人口的增长速度却大不相同。他引述了亨利八世颁布的一项法令，抱怨耕地荒芜，食物价格上涨，"大批人因此而无力养家糊口"。毫无疑问，美国较高程度的公民自由对工业和人口的增长以及人民的幸福是有促进作用的，但公民自由无论能产生多么强大的影响，也创造不出新土地来。现在独立了的美国人民，或许可以说要比他们受英国统治时享有更大程度的公民自由，但我们却可以毫不含糊地说，美国的人口绝不会长此以往地迅速增长下去。

了解20年前美国下层阶级人民幸福状态的人，自然希望他们永远处于那一状态，而且也许认为，只要不引入制造品和奢侈品就能做到这一点，但他的这种愿望就如同女人想不晒太阳不吹风就可以永葆青春那样荒唐。管理良好的新殖民地的状况，犹如人的青春期，任何人为的努力也不能使其长驻。诚然，无论对于动物机体来说还是对于政治机体来说，可以采用许多种处理方法来加速或延缓衰老的来临，但是，若想发明一种方法来使它们永远年轻，那是绝对办不到的。或许可以说，欧洲由于更多地鼓励工业而歧视农业，已使自己未老先衰。改变这方面的政策也许会给每个国家注入新的生命力和新的活力。长子继承法和欧洲的其他习俗，使土地具有垄断价格，在这种情况下，向土地投资绝不会给个人带来多大利益，因而土地也就不会得到适当的耕种。尽管每一个文明国家都必然存在所有者阶级和劳动者阶级，但较为平均地分配财产总是会带来永久性利益。所有者的人数愈多，劳动者的人数必然愈少，必然会有更多的社会成员处于拥有财产的幸福状态，必然会有更少的社会成员处于仅仅拥有劳动这一种财产的不幸福状态。但是，方向最正确的努力，虽说可以减轻匮乏的压力，却绝不会消除匮乏的压力。人们只要了解人类在地球上的真正处境，了解大自然的一般规律，就很难认为最卓越的努力会使人类处于普赖斯博士所说的那种状态，即："绝大多数人都会尽享其天年，不知道痛苦和疾病，死亡仅仅是逐渐而不可避免的衰老的结果，会像睡眠那样降临到他们头上。”

毫无疑问，想到要对社会进行大规模改良必然会遇到巨大障碍，而这种障碍又是无法克服的，确实令人心灰意冷。人口的增长总是趋于超过生活资料的增长，是生气勃勃的大自然表现出来的一条一般规律。不过，尽管认识到这种困难会使那些令人钦佩地想完善人类的人感到沮丧，然而很显然，尽力掩饰这种困难或尽力忘记这种困难，也是无济于事的。相反，若因为事实真相令人不快，就怯懦地不敢正视现实，则会带来最大的灾祸。尽管存在上述巨大障碍，仍有大量事情需要为人类去做，激励着我们作出坚持不懈的努力。但是，在作这种努力时，若对我们将必然遇到的困难的性质、范围和大小没有全面而确切的了解，若愚蠢地力图达到可望不可即的目标，那我们不仅将徒劳无益地耗尽力气，而始终离想要达到的山顶同样遥远，而且还会被山顶滚下的巨石碾得粉碎。

第十八章

在人口原理的作用下，人类经常处于贫困的压力之下，由此而使我们寄希望于来世——受苦受难的状态不符合我们先知先觉的上帝的观念——现世也许是唤醒物质，使其转换为精神的一伟大过程——有关精神的形成的理论——肉体需要带来的刺激——一般法则带来的刺激——在人口原理的作用下生活困苦带来的刺激。

人类困苦不堪地生活着，经常处于贫困状态，且几乎毫无希望在这个世界上达到尽善尽美的境界，人类生活的这样一幅图景，似乎会使人不可避免地把希望寄托在来世上。与此同时，在我们前面考察的那些自然法则的作用下，人类又必然会受到各种各样的诱惑，由此而使世界显得像通常人们所认为的那样，似乎是考验和磨炼人的品格与意志的学校，以使人进入较高级的幸福状态。但我希望人们能谅解我，我要对人类在这世界上的处境提出一种与此有所不同的看法，在我看来，我的这种看法更加符合我们所观察到的各种自然现象，更加与我们有关全能的、仁慈的、先知先觉的造物主的观念相一致。

如果我们对人的理解力抱适当的怀疑态度，并正当地感觉到我们无法完全理解我们所看到的一切事物的原因，如果我们怀着感激之情为照射进我们心灵的每一道光线而欢呼，而当没有光线时认为黑暗是来自我们心灵的内部而不是外部，如果我们对造物主的最高智慧谦卑地表示敬意，认为他的“思想高于我们的思想”，“犹如天空高悬于大地之上”，那么我希望人们不要把这看作是对人的智力的无谓滥用，试图“证明上帝为人作出的安排是正当的”。

不过，在我们试图以自己微薄之力“发现尽善尽美的上帝”时，我们的推理应该是由自然推论至自然的上帝，而不是由上帝推论至自然，这一点似乎是绝对必需的。一旦我们不是尽力去说明事物现在的这种样子，而只是一味询问为什么某些事物不是另外一种样子，我们的推理就会无所适从，陷入极其荒谬、极其幼稚可笑的境地，我们在了解神意方面的全部进展就会停止，甚至为此而作出的探究也不再是对人脑的有益训练。我们总是单纯而幼稚地想象造物主具有无穷大的力量。这一观念太大，太叫人无法理解了，每当思考它时，人的头脑便被弄得混乱不堪。由于带有这种观念，我们往往想象上帝能创造出无数生存物，其数目之多犹如整个无限的空间所能容纳的点，所有生存物都不会遭受痛苦的折磨，都很完美，都具有出众的美德与智慧，都能享受到最高级的快乐。但当我们的目光离开这种虚无缥缈的梦幻境界，转向我们唯一能看清上帝面目的大自然这本书时，我们看到的则是绵延不绝的有感觉的生物，它们显然产生于大量的物质微粒，在这个世界上要经历长期的、有时是痛苦的过程，但其中许多在这一过程结束之前，肯定会具有很高的才能，拥有强大的力量，从而能处于某种较高级的状态。既然如此，难道我们不应根据我们实际所看到的存在物纠正我们对万能的上帝所抱的看法吗？除了根据已被创造出来的天地万物之外，我们又能根据什么来品评造物主呢？倘若我们不想贬抑上帝的仁慈而吹捧上帝的力量，我们就应得出结论说，即使是伟大的造物主，尽管其力量无比巨大，也仍需要一定的过程，需要一定的时间（至少是我们所认为的时间），才能创造出符合其崇高目标、具有高尚精神品质的人。

如果认为人处于受磨难的境地，那似乎意味着，人在未来到这个世界以前就已存在，而这是与婴儿期的人所表现出来的样子不一致的，同时又使人怀疑上帝是否有先见之明，而这是与我们有关上帝的观念相矛盾的。所以，正如我在前面一个注释中所暗示的，我宁愿将这个世界和在这个世界上的生活看作是上帝安排的一伟大过程，其目的不是为了使人遭受磨难，而是为了创造和形成人的精神。若要唤醒死气沉沉、混沌无序的物质，使其成为精神，若要使地上的尘埃升华为灵魂，若要使泥土迸发出耀眼的火花，这一过程是必不可少的。倘若这样来看待这一问题，则可以把人在生活中得到各种印象和受到各种刺激看作是造物主的手通过一般法则在起作用，怠惰的存在物通过与上帝接触而被唤醒，具有活力，得以享受较高级的事物。人类所犯的原罪，就是混沌的物质的麻木与腐败，而人可以说正是从混沌的物质中诞生的。

考察精神究竟是与物质不同的实体，抑或仅仅是物质的较为精致的表现形态，是毫无用处的。这一问题最后很可能仅仅是名词之争。精神无论是由物质形成的还是由任何其他实体形成的，从本质上说仍是精神。我们根据经验知道，灵魂与肉体是非常紧密地联系在一起的，所有迹象似乎都表明，它们是自从婴儿期起一同成长起来的。很少有人认为，每个婴儿都具有健全而完整的精神，只不过在人生的头20年，身体的各个器官软弱无力、缺少感觉，精神未能起作用。人们都倾向于认为，上帝既是肉体的创造者又是精神的创造者，肉体和精神是同时形成，同时发展的，因而如果设想上帝在不断用物质创造精神，而人在生活中不断得到各种印象便是创造精神的过程，如果这种设想是符合自然现象的，那也就不会与理性相悖，不会与天启相悖。从事这样的工作肯定是与造物主的最高属性相称的。

这样来看待人类在地球上的处境，完全是有理由的，因为根据我们对精神的性质的那少许了解，通过仔细考察会发现，我们周围的现象以及人类生活的各种事件，似乎都是特意安排来达到那一伟大目标的，特别是因为，根据这一假设，我们甚至可以运用我们自身有限的理解力来解释生活中那许多艰难困苦与坎坷不平，爱怨天尤人的人正是为此而经常埋怨自然之神的。

精神的最初重大觉醒，似乎产生于肉体方面的需要。[①] 正是肉体方面的需要，最先刺激了婴儿的大脑，使其进行有感觉的活动，而原初物质却具有非常大的惰性，以致如果不通过特定刺激方式产生出同样强有力的其他需要，那就似乎仍要有肉体需要的刺激来保持已唤起的活动不中断。如果不是饥饿和寒冷把野蛮人从麻木状态中唤醒，他们会永远躺在树下打盹。他们不得不尽力获取食物、为自己建立栖身之所，以免受饥饿和寒冷之苦，为此而作

① 我原拟较详尽地讨论这个问题，作为本篇论文的第二部分内容。但其他方面的事情使我搁下这一工作很长时间，迫使我不得不放弃原来的打算，至少就当前来说不得不如此。所以在这里，我将仅仅概略地谈一谈几个主要的因素，在我看来，这几个因素有助于证实我所提出的那个一般性假设。

出的努力便造就了他们身体各部分的官能，使其处于不断的运动状态，而如果不必为此作出努力，他们就会陷入无精打采的懒散状态。根据我们对人脑结构的了解，如果广大人民群众没有肉体需要，从而不被刺激去作出努力，则我们与其说有理由认为他们会由于拥有闲暇时间而跻身于哲学家的行列，还不如说有理由认为他们会由于缺少刺激而沦为野蛮人。物产最丰富的国家，其居民的智力不见得最敏捷。"需要是发明之母"这句话是很有道理的。人脑进行的一些最崇高的努力，就是出于满足肉体的需要。肉体需要常为诗人的想象力插上翅膀，使历史学家的创作进入旺盛期，使哲学家的研究更为深刻。虽然毫无疑问，现在有许多优秀人物，其大脑已在各种知识和社会同情心的刺激下变得非常发达，即使不复存在肉体刺激，也不会重新陷于无精打采的状态，但是，几乎可以肯定地说，广大人民群众如果没有肉体刺激，则会陷于普遍而致命的麻木不仁状态，未来改善的萌芽便会消灭殆尽。

根据我的记忆，洛克曾说过，主要是避免痛苦而不是追求幸福刺激了人们在生活中采取行动。我们想获得某种快乐时，只有等到对这种快乐思考了很久，以致没有这种快乐而感到痛苦不安时，才会采取行动以得到这种快乐。避恶趋善似乎是人类的神圣职责，而这个世界似乎是特意安排来提供机会让人不懈地作这种努力的，正是通过这种努力，通过这种刺激，才产生了精神。如果洛克的观点是正确的，如果我们有充足的理由认为洛克的观点是正确的，那么恶对于促使人类作出努力似乎就是必不可少的，而作出努力对于产生精神显然也是必不可少的。

为了维持生命而对食物产生的需要，也许要比肉体或精神的任何其他需要在更大的程度上促使人类作出努力。上帝下了这样的命令,在人类尚未向地球表面投入大量劳动和才智以前,地球不得向人类提供食物。就人类的理解力来说,种子与产生于种子的草木之间没有任何可以想象的联系。毫无疑问,造物主无需借助于我们称之为种子的那一丁点物质,甚或无需借助于人类的劳动和照管,就能使各种植物生长,供其创造物使用。耕地、除草、收割、播种等项劳动,肯定不是帮助上帝来进行创造的,而是上帝规定的先决条件,只有满足了这些先决条件人类才能享受生活的幸福,借此促使人类积极行动,按理性的要求塑造精神。

为了经常不断地刺激人类,为了敦促人类精心耕种土地以促使上帝的神圣构想得以实现,上帝已下了这样的命令:人口的增长将远远快于食物的增长。毫无疑问,正如前文所指出的,这个一般法则产生了许多局部的恶,但稍稍思考一下,我们也许会看得很清楚,这个法则产生的善远远超过了恶。要使人不懈地努力,似乎得有很强的刺激才行,而要给人的努力指引方向,使人类具有推理能力,上帝的所作所为必须符合一般法则。自然法则的固定不变,或者相同的原因总是会产生相同的结果,是人类推理能力的基础。如果在正常情况下经常可以看到上帝的力量,或者更确切地说,如果上帝经常改变其意志(其实,我们在所见到的每片草叶上都可以看到上帝的力量),致使人类不能肯定其努力是否会带来预期的结果,那么人体各器官的功能也许很快会陷入普遍而致命的麻痹状态,甚至连人类的肉体需要也不再能刺激人类积极努力。正是由于自然法则保持不变,农民才勤奋劳作、深谋远虑,工匠才不知疲倦地运用其技巧,医生和解剖学家才熟练地搞研究,自然哲学家才仔细观察和耐心考察。人类运用智力所取得的所有最伟大、最辉煌的成就，都仰赖于自然法则的固定不变。

所以，就连对我们的理解力来说，自然法则保持不变的理由也是显而易见的，因此，如果我们回过头来看人口原理，看一看人类的真实面目，认识到除非被需要所逼迫，人类总是惰性很大的，懒散的，厌恶劳动的（毫无疑问，按照我们幼稚的幻想来谈论人类可以成为什么样子，是极其愚蠢的），那么，我们就可以断言，若不是人口增殖能力大于生活资料的增长力，这个世界就不会有人居住了。这不断刺激人类去耕种土地，倘若受到如此强烈的刺激，土地的耕种仍进行得很缓慢，我们就完全可以得出这样的结论：比这轻的刺激是不会起作用的。即便经常受到这种刺激，物产丰富地区的野蛮人也要经过很长一段时间才从事畜牧业或农业。假如人口和食物按相同比率增长，人类很可能永远也不会脱离野蛮状态。但假设一个亚历山大、一个凯撒、一个帖木儿或一场流血革命可以把本来人口稠密的地球弄得人烟稀少，致使造物主的伟大计划落空。而且一场瘟疫的影响可以持续几个世纪之久，一场大地震可以使一个地区永远荒无人烟。这种人类的恶行或自然灾害是一般法则带来的局部的恶，人口增长法则可以阻止它们妨碍造物主实现其崇高的目标。在人口增长法则的作用下，地球上的人口总是会与生活资料的数量不相上下，这一法则是一种强大的刺激因素，不断促使人类去进一步耕种土地，使土地能养活更多的人口。但这一法则在产生上述明显符合上帝意图的结果时，不可能不带来局部的恶。除非人口原理根据各国的具体情况而发生变化（这不仅与我们有关自然法则的一般经验相抵触，而且甚至还与人类的理性相矛盾,在人类的理性看来,要形成理智,一般法则是绝对不可少的),否则很显然,既然人口原理在勤劳的帮助下能在短短几年中使富饶地区人烟稠密,它必然也会使早已有人居住的国家陷于贫困。

然而,从各方面来看,人口法则所带来的那些公认的困难,很可能会促进而不是阻碍达到上帝的一般目的。这些困难会刺激人们作出普遍的努力,有助于造成无限多样的处境和印象,而这从整体上说是有利于精神的发展的。当然,太大的刺激或太小的刺激,太穷或太富,很可能同样不利于精神的发展。处于中产阶级的地位似乎对智力的发展最为有利,但想要全体社会成员都成为中产阶级却是违反自然的。地球上温带地区似乎最有利于人类发挥其精力与体力,但不可能整个地球都是温带。由于只有一个太阳温暖和照耀着地球,因而在物质法则的作用下,有些地方必然永远覆盖着冰雪,另一些地方则必然永远炽热炎炎。每一块平放的物质,必然有上面和下面,不可能所有物质微粒都在中间。对于木材商来说,栎树最有价值的部分既不是树根也不是树枝,但树根和树枝对于人们所需要的中间部分即树干的存在却是绝对不可少的。木材商不能指望栎树没有树根或树枝而生长,但是,如果他发明了一种栽种方法,能使树干长得较大,树根和树枝长得较小,那他尽力推广使用这一方法就没有什么不对。

同样,虽然我们不能指望消除社会中的贫富现象,但是如果我们能找到一种政治制度,能借以减少两个极端的人数,增加中产阶级的人数,则我们无疑就有义务采用这种制度。不过,正像栎树的情况那样,大量减少树根和树枝必然会减少输往树干的树液,与此相同，在社会中，减少两极的人数超过一定限度，就必然会减弱整个中产阶级生气勃勃的活力，而这种活力正是中产阶级智力最发达的原因所在。如果谁也不想在社会的阶梯上往上爬，谁也不担心会从社会的阶梯上摔落下来，如果勤劳得不到奖励，懒惰得不到惩罚，中产阶级就肯定不是现在这种样子了。讨论这一问题时，我们显然应着眼于全人类，而不是着眼于个别人。毫无疑问，现在有许多富有才智的人，而且从概率上说也应该有许多富有才智的人，因为已有那么多的人早已由于受到特殊的刺激而焕发了活力，无需再经常受狭隘动机的驱使来保持活力。但如果我们回想一下各种有用的发现、有价值的著作以及人类作出的其他值得称道的努力，我想我们会发现，人们作这种努力大都是出于影响许多人的狭隘动机，而不是出于影响少数人的高尚动机。

闲暇对于人类来说无疑是非常宝贵的，但就人类现在的这种样子来说，闲暇很可能将给大多数人带来恶而不是善。人们常常发现，弟弟往往要比哥哥更加富有才能，但却不能认为弟弟一般说来天生就具有较高的才能。如果说实际上有什么可以观察到的差别的话，那也只能是不同的处境所造成的差别。对于弟弟来说，付出努力和积极活动一般是绝对不可少的，而对于哥哥来说，则可以按自己的意愿行事。

生活上的困难有助于使人具有才能，这一点即使从日常经验上看也会使人深信不疑。男人必须为养家糊口而付出努力，由此而唤醒了他们身体的一些机能，否则这些机能会永远处于休眠状态，而且人们常看到，每当形势发生新的特殊变化时，总会造就出一些富有才智的人来应付新形势带来的困难。

第十九章

需要有人生的不幸来使人的心变软，变得富有人情味——在社会同情心的刺激下成长起来的人，往往要比仅仅具有才能的人高一级——也许需要道德上的恶来达到道德上的完善——大自然的无穷变化以及形而上学问题的晦涩难解，使人在智力上总是受到刺激——应根据这一原理来解释天启中叫人不好理解的地方——圣经中所包含的那些证据，也许最适于改进人体的机能和提高人的道德水平——精神产生于刺激这一观点，似乎可用来解释为什么存在着自然的恶和道德上的恶。

人生的不幸与痛苦是另一种刺激。这种刺激可产生一系列特殊的印象，这种印象对于使人的心变软，变得富有人情味，对于唤醒社会同情心，对于产生出基督教的所有道德，对于慈善博爱之心能充分发挥作用，似乎是必不可少的。事事顺遂、一切如意，与其说会使人的品行高尚，不如说会使人的品行堕落。从未经历过不幸的人，很少会感受到其同胞的痛苦与快乐、需要与希冀。这种人的心中很少会充满温暖的手足之情，很少会体验到各种温柔亲切的感情，而具有这些感情要比拥有最高的才能更能使人的品格高尚。才能无疑是人的精神的一突出而重要的特征，但却绝不能视作精神本身。有许多人虽然不具有很高的才能，但在社会同情心的刺激下，却达到了很高的精神境界。在每一社会阶层，无论是最高阶层还是最低阶层，都有一些人充满了仁爱之心，对上帝和人类表现出无限的热爱，他们虽然不具有那种称作才能的精神力量，但在人生的阶梯上显然要比许多具有才能的人处于更高的位置。传道士所表现出来的那种博爱、谦卑、虔诚以及所有那些被特别称为基督教美德的品质，似乎并不一定涉及才能，然而具有这些可爱品质的灵魂，被这些真诚的同情心所唤醒而充满活力的灵魂，似乎要比只是才智敏锐的人更加接近于天国。

最卓越的才能往往被滥用，从而才能愈大，带来的恶也愈大。理性与天启似乎都使我们确信，滥用才能的人将被打入地狱，不过在地球上，这样的恶人也自有其用处，会使大部分人感到反感和厌恶。对于达到道德上的完善来说，道德上的恶很可能是绝对不可缺少的。如果一个人接触的仅仅是善，则完全可以说这个人将为盲目的必然性所驱使。在这种情况下，追求善丝毫也显示不出一个人的道德倾向。或许可以说，上帝并不要求一个人用外部行动来显示其道德倾向，但上帝也许想预先确切地知道一个人是选择善还是选择恶。据此我们似乎有理由反对把人生看作是一场磨难，有理由认为上帝创造这个世界是要形成一种精神。根据这种观点，那些看到了道德上的恶并反对和憎恨道德上的恶的人，实质上不同于只看到善的人。两种人都是用泥土做成的，但由于从外界得到的印象不同，因而必然处于不同的状态；即便两种人表面上具有同样讨人喜欢的美德，我们也必须承认，前一种人阅历较丰富，性格坚强而刚毅，后一种人则较脆弱，易于为偶然的冲动所摆布。若要从心底里赞美和热爱美德，就非得存在与美德相对立的东西不可。如果未见过道德上的恶,未体验过由此而产生的厌恶心情,很可能不会达到外表与内心在相反情况下所能达到的那种美的境界,性格也达不到那种完善境地。一旦肉体上的情欲和需要唤醒了精神,使其转化为行动,便会产生智力上的需要。对知识的渴求和对愚昧无知状态的不能忍受,构成了另一类重要的刺激。大自然的每一部分似乎都是特意安排来刺激大脑作出这种努力的,似乎都是特意安排来提供无穷无尽材料供人进行不懈探索的。我国的不朽诗人莎士比亚谈到古埃及女王克娄巴特拉时说:

> 习俗也减少不了
> 她那无穷的风采。

这一诗句用于描绘某一物体,可以认为是诗的夸张,但用于描绘自然,却是准确而真实的。色彩斑斓的图景可以赋予绮丽的大自然以勃勃生机和卓异风姿,那粗糙不平之处以及衬托着高山的峡谷,虽然有时会使戴眼镜的人感到不舒服,但却有助于使整个画面显得匀称、优雅与协调。

大自然的形态与作用变化无穷,除了会给人造成多彩多姿的印象,直接有助于唤醒和改进人的精神外,还会提供无限广阔的探索与研究的领域,为改进人的精神开辟另一些有利的途径。大自然若尽善尽美,简单划一,就不会有这种唤醒人心的力量了。因此,当我们沉思默想广漠的宇宙时,当我们把繁星看作是散布在无限空间中其他星系的太阳时,当我们想到我们所看到的那些发光并给予无数世界以生命的天体还不到其总数的1%时,当我们的头脑不能把握无限的概念,而感到绝望和困惑,对造物主那叫人无法理解的巨大力量赞叹不已时，让我们不要抱怨气候并不总是那样温暖宜人，不要抱怨一年并不总是春光明媚，不要抱怨上帝创造的一切并不享有同样有利的条件，不要抱怨乌云和暴风雨有时使自然世界一片昏暗，罪恶和苦难有时使道德世界一片昏暗，不要抱怨天地万物不同样完美。理性和经验似乎告诉我们，大自然的无穷变化（没有优劣之分和瑕瑜互见，也就无所谓变化）特别有助于实现上帝创造世界的崇高目的，有助于产生尽可能多的善。

在我看来，所有形而上学问题的晦暗不明，也是特意安排来增加求知欲引起的那类刺激的。地球上的人类很可能永远无法完全弄明白这类问题；但这并不意味着人类不应研究这类问题。在人类感到好奇的这些有趣问题的周围笼罩着黑暗，可能是为了不断刺激人类的智力活动与努力。为驱除这种黑暗所作的不懈努力，即使达不到目的，也会刺激和提高人类的思维能力。一旦人类探索和研究的对象被耗尽，人的大脑很可能也就会处于停滞状态；但是，这样的时期永远不会到来，因为大自然的形态与作用变化多端，供人思考的形而上学问题层出不穷。

所罗门说："太阳底下没有新奇之事。"这种说法并不十分正确。与之相反，倘若我们这个宇宙存在千百万年，人类知识的总量很可能会不断增加，不过，人的智力是否会显著提高，却是个疑问。不管人们认为苏格拉底、柏拉图或亚里士多德在所掌握的知识上多么不如当今的哲学家，他们的智力水平却似乎不比当今的哲学家低多少。智力产生于一小块物质，只是在一段时间内具有活力，在这个世界上也许只能接受一定数量的印象。诚然，这些印象可以无限变化，这些变化可以增加原胚的感受力[①]，由此而在这个世界上产生了无限多样的人；但是，理性与经验两者都使我们确信，每个人的智力水平并没有随着现有知识总量的增加而增加。最聪明的头脑似乎是通过努力进行创造性的思维，通过尽力构造新概念，通过尽力发现新真理而形成的。假如真有这么一天，人们不能指望再作出新的发现，只能运用脑力获取已有的知识，不再努力提出富有创见的新思想，那么，即使那时人类知识的总量比现在多一千倍，也显然不会再有对脑力的一种最为崇高的刺激，智力活动的最美好特征将因此而丧失，与创造性才能有关的一切将不复存在；在这种情况下，任何人的智力都不可能高于洛克、牛顿、莎士比亚，甚至不可能高于苏格拉底、柏拉图、亚里士多德或荷马。

假若从天上降下一条人们对其真实性深信不疑的启示，把现在笼罩在形而上学问题上的迷雾一扫而光，使人能看清精神的性质与结构，看清所有物质的特性与本质，把上帝创造万物的方式以及整个宇宙蓝图说得一清二楚，这无疑会增加人类的知识，但人类由此而获得的知识非但不会增加人脑的活力，反而很可能会抑制人类未来的努力，折断人类智力的翅膀。

因此，虽然圣经中有令人怀疑的地方和费解的地方，但我从未因此而认为圣经不是出自上帝之手。毫无疑问，上帝本来可以在向人类提供启示的同时创造一系列的奇迹，使人对上帝的意图深信不疑，一举消除一切迟疑与争论。但尽管我们的理性很脆弱，理

① 很可能没有两颗完全一样的麦粒。麦叶上的差别无疑主要是由土壤造成的，但并非全部差别都是由土壤造成的。拿人来说，可转化为思想活动的原胚可能便有所不同，作此假设是很自然的，幼儿的感受力大不相同便可证明这一假设。

解不了上帝的意图，可仍能看出上帝有一极为明显的理由不能向我们提供这种启示。即使依据我们对人类理解力的那点了解，我们已深知，对上帝意图的那种深信不疑，非但无助于人类的改善和道德水平的提高，反而会麻醉人类在智力上的全部努力，使人类的美德不复存在。假如对每一个人来说，圣经上所说的永恒惩罚像夜随日至那样明白无误，则这一巨大而阴郁的观念就会完全攫住人类的官能，无法再进行任何其他思维活动，人们的所作所为就会完全相同，善行就不再能表现出善心，善与恶便会搅在一起，虽然上帝那双明察秋毫的眼睛可以把善与恶区别开来，但善与恶给人类造成的印象却完全相同，因为人类只能根据外表判断善与恶。在上天的这种安排下，很难想象人类怎么会厌恶道德上的恶，怎么会热爱和崇敬上帝，怎么会达到道德上的完善境地。

我们有关善与恶的观念也许是不准确的，是模糊的，但我认为，如果人们仅仅因为害怕遭受巨大的惩罚或希望得到巨大报偿而做某件事，那很少有人会把这种行为称为善行。可以说，敬畏上帝是智慧的开端，但智慧的终点却是热爱上帝和崇敬道德上的善。圣经中所说的未来惩罚，似乎是有意要阻止恶人为所欲为，提醒漫不经心者要小心谨慎，但经验一再告诉我们，圣经中的这种说法缺乏有力的证据，因而不足以左右人的意志，不足以使性本恶的人仅仅由于害怕来世遭受惩罚而过有德的生活。一般可以说，真正的信仰产生于温厚有德的性情，而温厚有德的性情与其说源于纯粹的畏惧，还不如说源于爱。我所谓的真正的信仰，是指由真正的基督徒生活具有的全部美德所表现出来的那种信仰。

在这个世界上，人由于自身肉体的构造和自然法则的作用，必然要受各种各样的诱惑，因而从这口创造世间万物的大熔炉中炼制出的容器肯定有许多是歪七扭八的。想到这些，我们怎么也不能不认为，上帝之手创造的这些东西会被判处永远受折磨。一旦我们接受这样的观念，我们有关善与正义的自然观念就会完全被推翻，就不会再把上帝看作是大慈大悲、主持公道的主。但福音书告诉我们的有关生命与不朽的理论，却无论从哪方面来说，都是正当而仁慈的，与造物主的意图是相称的，这种理论认为正义的结局是永生，而罪恶的报偿是死亡。从创世过程中产生的那些可爱而完美的人，最终将获得永生，而那些生来有缺陷的人，那些从精神气质上说不适宜过较纯洁、较幸福生活的人，则将死去，注定要再次和产生他们的泥土混合在一些，似乎没有比这更符合我们理性的了。这种永恒的宣判可以看作是一种永恒的惩罚，因而无怪乎这种惩罚有时会表现为受苦受难。但在《新约全书》中，经常相互对照的，却是生与死、拯救与毁灭，而不是幸福与苦难。假如我们认为上帝不仅将使那些天生不适宜过较纯洁、较幸福的人重新陷于原始混沌状态，而且还将永远记恨和折磨那些触犯过他的人，那么上帝在我们眼中的形象就会大不一样了。

一般说来，生命是一种恩赐，与未来状态无关，是神授之物，即使是不怕死的恶人也不愿予以放弃。因此，造物主在创造出无数个人，使其能享受无限的幸福时，虽然也给人带来了一些痛苦，但同赐予人类的幸福相比，痛苦只不过是天平上的一粒灰尘。我们有一切理由认为，世间的罪恶只不过是那一产生精神的伟大过程的一个要素，并未超过绝对必需的限度。

形成理智显然要有一般规律的帮助，出现一两个例外丝毫也不会否定这一点。存在一般规律显然不是要达到局部的目的，而是要经过许许多多世代对绝大多数人产生影响。根据我对精神形成方式的看法，神的启示对一般自然法则的违背，似乎是上帝在亲手把新成分混入精神形成这一特殊而伟大的过程，特意给人造成一系列强有力的新印象，以净化、提高和改善人类的精神。一旦伴随着这些启示的奇迹引起了人类的注意，使人类展开积极热烈的讨论，由此而无论是上帝还是由人类创造出教义，这些奇迹也就起到了应有的作用，达到了造物主的目的；所传达的这种神意一方面自身具有内在价值，另一方面也作为道德动机而起作用，会逐渐影响和改善人类的各种官能，而绝不会阻碍人类官能的发展，更不会使其停滞不前。

认为上帝只会以其选定的方式而不会以其他方式来实现其意图，这无疑是武断的，但由于我们得到的有关神意的启示总是伴随有某些疑问和令人费解之处，由于我们的理性总是使我们最强烈地厌恶那种迫使我们无条件地、立即而全面地接受某种信仰的启示，因而我们确实有正当理由认为，这些疑问和费解之处绝不是否定圣经的神圣起源的理由，而且有理由认为，圣经中所包含的那类证据最有利于改善人类的官能，最有利于提高人类的道德水平。

这个世界向人类提供的各种印象和刺激，是上帝借以把物质塑造成精神的手段，而产生这些印象和刺激的主要源泉，则是避恶趋善的不断努力，这种看法似乎可以消除我们在思考人生时遇到的许多难题。而且在我看来，似乎由此也可以令人满意地说明，为什么存在着自然的恶和道德的恶，说明为什么产生于人口原理的这两种恶都不是很小。但是，虽说根据这种假设，恶绝不会从这个世界上完全消除，可是很显然，如果恶的数量不随着人类勤奋与懒惰的程度而增减，它就不会实现造物主显而易见的目的，也绝不会强有力地刺激人们去作出努力。这种压力在重量和分布上的不断变化，使人心中总是怀着压力最终会消除的希望。

希望永远在人的胸中涌现，

幸福的降临永远是在未来，而绝不是现在。

世上存在着恶，不是为了使人悲观绝望，而是为了刺激人的活动。我们不应忍受和屈服于恶，而应尽力避免恶。竭尽全力消除自己身上的恶并尽可能在自己影响所及的范围内消除恶，不仅是每一个人的利益所在，而且也是每一个人的义务。每个人愈是尽力履行这种义务，其努力的方向便愈正确，成果也愈大，每个人也就愈有可能改善和提高自己的精神，从而愈全面地实现造物主的意图。

（《人口原理》由朱泱、胡企林逐译）

人口原理概观

马尔萨斯　著　朱和中　译

在观察生物界时，我们不能不对动植物的巨大繁殖力产生深刻印象。由于大自然的产物变化无穷，它们要达到的目的又各不相同，它们在这方面的能力的确几乎是变化莫测。但是，无论它们缓慢增长还是迅速增长，只要它们以种子或以世代增长，它们的自然趋势必定是按几何级数增长，即以倍增的方式增长；在任何一个时期，无论它们按什么比率增加，要是没有其他障碍妨碍它们，必定以几何级数增长。

小麦在其生长过程中，不可避免地会丧失大量种子。如果实行点播而不是以通常的方法播种，两配克麦种就能有高达两蒲式耳的收获量，因此，收获的小麦是播到地里的麦种的四倍。《哲学学报》(1768年)刊登了一篇有关一次实验的报道。报道说，把一棵小麦的根分出来并移植到适宜生长的土地上，结果收获了500 000多粒麦子。但是，不举特殊的例子，也不讲特殊的耕作方式，大家都知道，对产量的计算常常是根据在不同的土地上和在不同的国家里以平常的耕作方法进行小麦生产的实际经验作出的，还估计到所有的平常种子被毁坏情况。

洪堡已搜集到这类物品的一些估计数字，从中可以看出，在法国、德国北部、波兰和瑞典,一般说来,1 粒麦种可收获 5、6 粒小麦;在法国一些肥沃的土地上 1 粒麦种能生产出 15 粒小麦;在皮卡迪和法兰西岛的沃土上每粒麦种能收获 8 至 10 粒麦子;在匈牙利、克罗地亚和斯洛文尼亚,每粒麦种能生产出 8 至 10 粒麦子;在拉普拉塔王国,[①]每粒麦种能生产出 12 粒小麦;在布宜诺斯艾利斯市附近,每粒麦种能产出 16 粒;在墨西哥北部,每粒能产出 17 粒;而在墨西哥赤道地区,每粒能产出 24 粒。[②]

现在假设,在任何一个国家里,在一定时期内,使用平常的耕作方法,每粒麦种能产出 6 粒小麦,可以确切地说,小麦具有以几何级数增加的能力,即每年增长 5 倍。可以有把握地作这样的计算:假定从一英亩产量开始,人们能够迅速地把肥力相同的土地准备好,而且任何麦种都不浪费掉,则其增长率将提高到 14 年后小麦能完全覆盖住整个地球陆地的表面。

同样,人们凭经验会发现,在具有一定肥力的土地上,估计到通常的死亡率和偶然事故后,绵羊的数量平均每两年翻一番。确切地说,绵羊具有按几何级数自然增长的能力,其公倍数是 2,期限是 2 年。可以有把握地说,假如能将肥力相同的土地迅速地准备好,而且任何羊只都不消耗掉,要是我们从一英亩土地所能承载的足够数量的羊只开始,其增长率将提高到,在不到 76 年的时间里整个地球陆地表面就会完全被羊只覆盖。

即使从上述增加得非常快的食物中扣除充分供养人类所需的部

① Regno de la plata,位于现在的阿根廷共和国境内。——译者

② 《新西班牙王国的政治评论》,第 IV 章第 ix 节,第 98 页。

分，即使人口的增长和过去一样快，扣除的部分相对来说也是微不足道的；而且食物的增长率仍会非常高，一直要等到发生了以下两件事情的时候，这种增长才会被阻止，一是人类将缺乏自然意志来作出努力使食物的增长超过可能的消费量，一是经过一段时间以后，人类会绝对没有能力预备好相同质量的土地以使同一增长率能保持下去。

由于这两个原因合在一起的作用，我们发现，尽管动植物具有巨大的繁殖力，然而，它们的实际增长力是极低的。显然，仅仅由于后一个原因并且在进一步增长最终停止以前，它们的增长率必定受到非常大的阻碍：要最开化的人们作出努力使地球上所有的土地都具有目前正在耕种的土地那样的肥沃程度是做不到的；而且，实际达到上述目的，将需要花费很长的时间，以致在早期就会使食物的自然增长受到经常而巨大的阻碍。

尽管人类在智力上高于其他一切动物，但是不能认为人类必须服从的自然法则与人们看到的普遍存在于生物界其他部分的自然法则有本质的区别。人类的增长可能比大多数其他动物要慢，但是要养活人类，食物是同样必不可少的；要是人类的自然增长力超过有限的土地所能长期提供食物的能力，那么，人类的这种增长就必然经常为获取生活资料的困难所阻碍。

在维持生活的手段上，人类区别于其他动物的主要特点，在于人类具有极大地增加生活资料的能力。但是，这种能力显然受到缺少土地这和状况（地球表面很大一部分是不毛之地）的限制，它还明显地受到对已耕的土地不断追加资本而所获得的农产品的产量的比例却不断下降这种情况的限制。

然而，我们必须特别地将人类的自然增长能力同土地这种递减的、有限的农产品的增长能力作一比较，以便弄清楚：在土地全部得到开垦和地球上住满了人的情况下，人类的自然增长力是否绝对不会经常地为获取生活资料的困难所阻碍；要是情况果真如此，又会产生什么样的后果？

在为了确定人类的自然增长力和人类增加农产品的能力所作的努力中，我们除了过去的经验以外没有其他的指南可以遵循。

我们从经验中得知，对动植物增长的巨大抑制是空间和养料的不足；这种经验也会指引我们去查明，在空间最充裕、养料最丰富的情况下这些动植物实际上所能达到的最大的增长。

依照同一原理，在存在大量优质土地、生活必需品的绝大部分实际上分给社会大众的情况下，我们当可看到人口在实际上最大的增长。

就我们所熟知的一些国家而言，美利坚合众国——以前大不列颠在北美的殖民地——几乎完全符合上述情况。美国不仅拥有大量优良的土地，而且，从它的分配方式和农产品的销售市场看，那里对劳动力的需求更加巨大、更为经常，与其他那些拥有同样多或更多的耕地、其土地具有同样大或更大肥力的国家相比，美国把更大一部分生活必需品分给了劳动者。

那么，我们当可看到美国人口的自然增长力非常引人注目（无论它可能多大）；因此，看来美国人口的实际增长率比我们所了解的任何国家的人口增长率都要高得多，尽管美国除了拥有充裕的优质土地和对劳动的巨大需求外，并没有什么其他特别有利于人口增长的因素。

前面已谈过，所有的动物，根据人所共知的法则，必定具有按几何级数增长的能力。那么,人类按几何级数增长的增长率有多大呢?

我们自然而然要把我们的目光转向作为人口增长率最高的例证的那个国家,幸好那里已进行过四次人口普查,这种普查每10年搞一次;尽管北美各殖民地早期的人口增长的估计数在缺少更多的确实无疑的文献资料的情况下,对于证明一些非常重要的推论仍然具有充分的权威性,然而,因为现在我们已经拥有这些文献资料,又因为与这些文献有关的那个时期已足够长,从而使有争议的观点得以成立,所以,没有必要再提早期的情况了。

遵照国会的命令,在1790年进行了一次定期人口普查(有充分理由相信这次普查基本上是准确的)。根据普查结果,美国当时的白人总数为3 164 148人。1800年进行的一次类似的人口普查查明,美国的白人总数已增加到4 312 841人。该国人口在1790年至1800年的10年间已增加了36.3%。如果按这一增长率发展下去,其(白人)人口总数会在22年又4个半月中翻一番。

据1810年进行的第三次人口普查,白人总数达到5 862 092人,[①]与1800年的人口数相比,人口总数在第二个10年中增加了36%。要是按这一增长率继续下去,美国的人口会在大约22年半中翻一番。

据1820年所进行的第四次人口普查,美国的白人人口为7 861 710人,[②]同1810年的人口数相比,人口在第三个10年中增加了34.1%,若以这一增长率继续下去,人口就会在23年又7个

① 这些数字摘自西伯特博士的统计年刊,第23页。

② 此数字摘自1822年《美国国家年度记事》。从这一年起,都将该数据同为供国会议员们使用而发表的原始普查数据进行比较。

月中翻一番。

要是我们将根据这一系列10年中人口增长最慢的10年的增长率计算出来的翻一番时间同25年作一比较,我们就会发现其间存在着差别,诸如把由于移民或外国人的流入所引起的人口增长完全包括在内。

根据从大西洋两岸都能获得的最可靠的文献,在1790年至1820年的30年中移居美国的人数肯定每年平均不到10 000人。大西洋彼岸最大的权威西伯特博士说,从1790年至1810年每年进入美国的移民人数平均不到6 000人。按照我国官方的统计资料,1812年至1821年的10年中自英格兰、爱尔兰和苏格兰向美国移民的全部人数每年平均不到7 000人,尽管这个时期包括1817年和1818年这两个独特的年份,在这两年中向美国移民的人数比这两年以前及其后直到1820年的所有年份中的已知移民人数都大得多。美国官方的统计资料,能够证实该迁入人口平均数的,[①]充其量,也只有自1819年9月30日开始的两年的资料,在充分考虑到从欧洲其他各国迁入美国的移民的情况下,每年迁入美国的移民人数仍然不到10 000人。

然而,近来有人提出了一种估算任何国家由于迁入移民引起的人口增长量的新方法。[②] 恰当地说,当每10年进行一次人口普查时,将人口分成10岁以上和10岁以下两部分。所有10岁以上的人口,不包括迁入移民在内,在人口普查前都必定已经出生。因此,酌

① 1821年《美国国家年度记事》,第237页;《北美评论》,1822年10月号,第304页。

② 此方法是布思先生在葛德文先生《关于人口的探索》一文中提出来的。

情减去在这10年中的死亡人数，比剩余的人数还要多的这部分必定是迁入人口造成的。假如我们有办法准确地估算出美国的由于没有出生人口补充而未增加的人口在10年中所受到的损失，那么，这种估算迁入移民的方法是无可非议的，往往是很有用的。

可是很遗憾，这种方法有缺点。甚至美国每年的死亡人数都搞不清。普赖斯博士认为死亡率是1∶50；巴顿先生认为死亡率为1∶45；而布里斯特德先生则在《美国和它的资源》一书中说，整个美国的年平均死亡率为1∶40，最有利于健康的地区为1∶56，对健康最为有害的地区为1∶35。

然而，即使我们能准确地弄清年平均死亡率，我们还是难以弄清有争议的死亡人数，因为无论按照哪一个死亡率计算，都要在很大程度上取决于人口增长率。下面这张简表把所观察到的实际情况表示得明明白白。我们得益于一位非常能干的计算专家米尔恩先生，他是《论年金和保险》这一名著的作者。它是依据以下的假设创作的，即：在任何情况下，人口总是受到与到1805年为止的5年间普遍存在于瑞典和芬兰的相同的死亡率支配；今年的出生人数为10 000人。

	人口数始终不变	在100多年中正在或已经以几何级数增加的人口数，为的是使人口每50年或25年翻一番	
		50年	25年
自某个时候起10年间的人口数	393 848	230 005	144 358
现在10岁以上的人口总数	320 495	195 566	126 176
10年开始时存活人口中在10年期间的死亡人数	73 353	34 439	18 182
（死亡人数）每几个人中占一个	5.3692	6.6786	7.9396

我们从上表可以看出，按同样的死亡率，一个由于没有新出生人口作补充、总人数不增加的人口，10 年中由于死亡而损失的人数上的差别是，假定人口属于静止人口、50 年中翻一番和 25 年中翻一番这三种情况时，分别为 1/5.3692，1/6.6786 和 1/7.9396。我们还可以看到，当人口在 25 年中翻一番时，死亡人数几为 1/8。

但是，这几次人口普查应当能够成为证明美国人口在某一时期持续不断地在 25 年中翻一番的确凿的证据；假设这个证据成立（在人们能够拿出相反的证据以前我对此一直加以肯定），则很明显，按照刚才提到的规律推断，迁入移民的总数每年不到10 000人。

1800 年美国白人的总数是4 312 841人。[①] 要是不把新出生的人数计算在内，人民总数到 1810 年会减少八分之一，或者下降到只有3 773 736人。1810 年 10 岁以上的人口数为3 845 389人；将前一人数从后一人数中减去，其差额或迁入移民总数为71 653人，或每年平均7 165人。

1810 年白人总数为5 862 092人，10 年中减少八分之一后，其人数为5 129 331。1820 年 10 岁以上人口数为5 235 940人。[②] 从前一人数中减去后一人数，其差额或迁入移民人数为106 608人，或每年10 660人。这表明，正如我们所料，1810 年至 1820 年间的迁入移民人数大大超过 1800 年至 1810 年间的人数，但是即使在后一个 10 年中，甚至包括来自加拿大以及其他国家的迁入移民在

① 西伯特的统计年刊，每 23 页。

② 1822 年《美国国家年度记事》，第 246 页。

内，移民总数也只每年少许超过10 000人。

那么，总而言之，要是我们承认1795年至1820年的25年间每年迁入人口的平均增长数为10 000人，是大致有把握的；将这个数字运用到人口增长速度最慢的时期，在这个时期人口增长率如此之慢，以致要23年零7个月人口才能翻一番，由此，我们可以很容易地计算出，在另外的一年又五个月中，按照同样的增长率，拥有5 862 000人的人口所增加的人数将比每年流入的10 000人要大得多。

然而，这种情况不会出现。1821年的《美国国家年度记事》上有一则记载表明，1819年9月30日至1820年9月30日期间有7 001人抵达美国，其中只有1 959名妇女，其余5 042人都是男子。[①] 这个性别比——要是它接近代表平均数值——必将极大地降低按同样的比率由这个数字计算出来的人口增长数。

但是，我们先不考虑这些，如果我们假定在1795年至1820年这25年期间从欧洲向美国的移民人数为10 000人。这个时期的绝大部分时间欧洲卷入一场大范围的战争之中，很需要人口，如果我们估计到在这整个时期所有的移民以最高的增长率增加，则余下的人口数仍然足以显示出该人口会在不到25年的时间内翻一番。

1790年美国的白人总数为3 164 148人。该人口按其以往的增长率，到1795年就会增加到3 694 100人；假定该人口在1795年至1820年的25年内翻一番，那么到1820年时人口总数就会达

① 尽管没有发表第二年的详细数字，但是，已经了解到，抵达美国的总人数为10 722人，其中2 415人是美国本国人，其余8 307人为外国人。《美国评论》，1822年，第304页。

到7 388 200人。但是，到 1820 年时实际白人总数，据最近一次人口普查，已达到7 861 710人，表明人数多出了4 73 510人。而每年迁入移民为10 000人，加上其以 3％的增长率（该增长率会使人口总数在不到 24 年的时间内翻一番）增加的人口，其总数也只不过364 592人。

但是，米尔恩先生为我们提供了美国几次人口普查最引人注目的证据和几乎只是由人口繁殖引起的增长率的最显著的证据。米尔恩先生在他的《论年金和保险》一书中（该书收有非常有价值的和令人感兴趣的人口方面的资料），已注意到经常的需求压力对瑞典劳动阶级的影响，由于死亡人数愈益增加，它使沃金廷教授和尼坎德教授准确地观察到的该国人口死亡率不能适用于情况较好的其他国家。但是，从普赖斯博士编制瑞典（死亡）表时起，人们看到死亡率在逐步下降；从 1800 年到 1805 年底没有发生（食物）短缺和流行病，并且由于使用了疫苗，国家的健康状况已进一步得到改善。他正确地认为，在这 5 年中所观察到的死亡率可能在人民的状况比瑞典以前的情况要好得多的那些国家中适用。他以此为根据，把瑞典上述期间的死亡率应用于一个假定由于繁殖而以几何级数增长了 100 多年的人口，以达到人口每 25 年翻一番。假设该人口为 100 万，按照假定的死亡率，他参照美国历次人口普查的做法，将该人口分成不同的年龄，然后，将这些不同年龄的人口数同在 1800 年、1810 年和 1820 年三个时期美国人口普查时各种年龄的实际统计表所分布的同样人数进行比较。

结果如下：

三次不同的普查在各种年龄的人口分布彼此之间以及它们同

假设的人口大体上的相似清楚地证明：

一个为数 100 万的人口按下述年龄间隔的人数分布状况

在以下年龄之间	根据假设的人口	根据美国1800 年普查	根据美国1810 年普查	根据美国1820 年普查
0 至 10 岁	337 592	334 556	344 024	333 995
10 至 16 岁	145 583	154 898	156 345	154 913
16 至 26 岁	186 222	185 046	189 227	198 114
26 至 45 岁	213 013	205 289	190 461	191 139
45 至 100 岁	117 590	120 211	119 943	121 839
0 至 100 岁	1 000 000	1 000 000	1 000 000	1 000 000
16 岁以下	483 175	489 464	500 369	488 908
16 岁以上	516 825	510 546	499 631	511 092

首先，不同人口普查中各种年龄的人口分布情况，必然是相当谨慎地整理出来的，因此，总的来说是正确、可靠的。

第二，假设人口中假定的死亡率基本上不能偏离普遍存在于美国的那个死亡率。

第三，美国人口的实际结构同仅仅由于繁殖而按几何级数正常增长以致每 25 年翻一番的人口结构几乎没有什么区别；因此我们可以有把握地推论，(美国)人口几乎没有受到移民的干扰。

要是除了实际上存在的人口迅速增长的这些证据以外，我们再把考虑到的以下各种情况都加上，那就是：该人口增长率是个应用于非常广大地域的一个平均数，其中有些地方是人所共知的不卫生地区；许多居民必定从事对健康不利的职业并且受到在其他国家普遍存在的妨碍人口增长的那些抑制；而且，在美国西部地区，那里不存在这些对人口的抑制，尽管对迁入的移民作了最充分的估计，该地的增长率仍比一般的增长率要高得多——显然应当肯定，美国全国人口在过去 30 年中的实际增长率必定大大低于人类在最有利的条件下实际增长的能力。

人类按某一个增长率实际增长的能力方面所能得到的最好的证据，就是他们按那个增长率实际增加的状况。同时，假如在个别国家出现的特别快的人口增长率没有得到其他证据的证实，我们就可以把这种情况归结为误差或一种偶然事件，而不能据此作出重要结论。但是，目前这个例子则是另外一回事。在其他国家多次出现的人口增长率，在妨碍人口增长的巨大而又明显的抑制的作用下，充分表明，要是排除这些抑制，可以预料会发生什么情况。

与美国非常相似的国家是美洲新近归属西班牙的那些领地。这些领地确实具有土地广大而且肥沃的优势；但是，母国（指西班牙——译者）政府的所有弊病都被带到殖民地，特别是存在于封建制度下的非常不公平的地产分配制度。这些弊病，加上极大部分人口是处于社会底层、在勤劳和能力上也不如美洲人的印第安人，必然妨碍广大而又肥沃的土地所能容许的人口的迅速增长。但是，从洪堡不久以前介绍给大家的有关新西班牙的能给人以启示并令人感兴趣的情况看来，在 18 世纪下半叶，那里出生人口超过死亡人口的数量以及人口增长都是非常巨大的。以下表中所列是 11 个村庄的登记表上记录的死亡人数与出生人数的比例，这些详细数字是教区的副牧师们提供给洪堡的：

但是，洪堡认为对全部人口（死亡人数与出生人数）最合适的比例是 100∶170。

村名	死亡人数	出生人数
多洛雷斯	100	253
辛圭卢坎	100	234
卡利玛亚	100	202
瓜纳夏托	100	201
圣安娜	100	195
马西尔	100	194
克雷塔罗	100	188
阿克萨普斯科	100	157
伊瓜拉	100	140
马拉卡特贝克	100	130
帕努科	100	123

平均比例为 100∶183

在上述某些村子中，出生人数与总人口数的比例特别高，并且死亡人数与总人口数的比例也相当大，这证明了一种令人惊讶的看法，即热带气候条件下的早婚和早逝以及每代人的死亡太快。①

在克雷塔罗村，出生人数与人口数之比为 1∶14，而死亡人数与人口数之比为 1∶26。

在瓜纳夏托村，包括附近的圣安娜和马西尔矿区在内，出生人数与人口数之比为 1∶15，而死亡人数与人口数之比为 1∶29。

从能搜集到的所有资料中所得出的一般结果是：整个新西班牙王国的出生人数与总人口之比为 1∶17，而死亡人数与总人口之比为 1∶30。要是人口按这些出生人数与死亡人数的比例继续

① 洪堡提供的新西班牙的人口数非常令人感兴趣，因为这是人们所得到的在热带气候条件下具有重要意义的第一个人口数。该人口数表现出来的特征恰好就是人们所预料到的那些特征，尽管出生人数所占的比例比我们设想的要高。

发展下去，其总数就会在 27.5 年中翻一番。

洪堡还进一步观察到，他所搜集到的关于出生人数与死亡人数之比以及这两种人数在总人口中所占的比例的资料证明，只要自然法则没有被某些非常的、干扰性的原因搅乱，新西班牙的人口就应该每 19 年翻一番。[①]

然而，人们知道，这些原因实际上并不存在，因此，我们不能认为新西班牙的人口实际增长率比根据以前的计算法计算出来的增长率要高。但是，像人口在 27 年半中翻一番这样的增长率是非常特殊的，尽管存在着洪堡所列举的所有那些妨碍。该人口增长率仅次于美国的增长率，比在欧洲所能看到的增长率要高得多。

可是，欧洲的人口增长趋势总是非常明显，而且在几个相当长的时期内，人口实际增长有时会比所能预料的大得多，如果考虑到有一些障碍需要克服的话。

苏斯米尔希认为，[②]在普鲁士和立陶宛，在经历 1709 年和 1710 年的大瘟疫以后，由于登记表上所载明的出生人口超过死亡人口，其人口大约在 44 年中翻了一番。

俄国 1763 年的人口总数，据查点和计算，估计有 2 000 万，到 1796 年有 3 600 万。[③] 若按此增长率继续增加，那么不到 42 年该国人口就要翻一番。

爱尔兰的人口在 1695 年估计有 1 034 000 人。据 1821 年的调查统计表，该国人口已增加到了 6 801 827 人这样庞大的数字。

① 《新西班牙王国的政治评论》，第 1 卷第 II 章，第 ix 节，第 330 页及以下各页。

② 《上帝的安排》(*Gottliche Ordnung*)，第 1 卷，表 XXI。

③ 图克：《对俄罗斯帝国的看法》，第 II 章，第 126 页。

这是总共125年中实际增长的一个例子，按此增长率继续增加，该国人口大约在45年中翻一番。这是在社会劳动阶级经常遭受极大苦难的压力和频繁、大量地向国外移民的情况下发生的。

但是，在存在巨大的积极抑制和预防性抑制的情况下，要获得人口繁殖力的证据，我们不必离开大不列颠就能办到。自从我们开始搞人口普查以来，对于人们认为人口已经相当多的国家来说，人口增长率已经很高了。统计表所提供的某些详细情况明显地有利于阐明人口原理。

据新近几次人口普查，大不列颠的人口，1801年为10 942 646人，1811年为12 596 803人。[①] 10年中人口增长了15%以上。要是继续按此增长率增加，该国人口在49年或50年中要增长一倍。

据1821年最近一次人口普查的资料，大不列颠有14 391 631人。[②] 与1811年的人口数相比，10年中人口增加了14.25%。若按该增长率继续下去，人口大约在52年中会增加一倍。

从这些数字可以看出，最近10年中的人口增长率比头10年的增长率要低；但是，从1811年人口普查中男性人数超过女性人数的情况(1801年和1821年的人口情况与此恰好相反，在这两个时期女性人数都超过男性人数，特别是后一个时期)看来，在1811年加入陆军、海军和注册的商船队的大量人员中，占相当比例的人必定是外国人。由于这个原因，还因为很难了解到这批人中哪些是爱尔兰人，有人建议采用只估算女性人数的方法来估算每10年

---

① 《人口文摘》(1821年)中的《初步观察》，第8页。

② 同上。

人口增长的百分比；按这个计算法，在第一个时期，人口增长了14.02%，而在第二个时期增长了15.82%。按照最后一个增长率计算，(大不列颠)人口不到48年就要增长一倍。

这种计算方法的唯一缺点是没有考虑到在战争期间大量男性人口死亡这一情况。在1801年女性人口超过男性人口21 031人，到1821年则超过63 890人，而在这两个年份之间，由于上述原因，女性人口比男性人口少35 685人。

然而，如果居民人口中陆军和海军的人数分布适当，并且只拿英格兰和威尔士来说，人们就会发现，从1801年至1811年人口增长了14.5%，从1811年至1821年增长了16.3%。[①] 按前一个增长率计算，人口翻一番所需的时间要50年多一点，而按后一个增长率，人口翻一番时间则不到46年。把这两个时期加在一起考虑，人口翻一番时间大约是48年。但是，在大不列颠，住在城镇里并从事被认为有害健康的职业的人所占的比例，比大家知道的其他任何幅员相同的国家大得多。还有最好的理由可以确信，在其他幅员相同的国家，其晚婚人数或未婚人数所占的比例都不像大不列颠那样大。在这种情况下，假如对劳动的需求和维持劳动的资金的增加持续20年的话，就会出现这样的增长率，要是该增长率继续保持下去，人口就会在48年中翻一番，在96年中翻两番。要是鼓励人们结婚，并且供养家庭的生活资料像美国那样丰富，大不列颠人口翻一番的时间极有可能不超过25年。甚至在存在着大城镇和工厂的情况下，要是这些抑制增长的因素得以排除，人口

① 《人口文摘》(1821年)中的《初步观察》，第32页。

翻一番的时间肯定还要短。

所以，考虑到在健康状况和发展速度方面情况千差万别的美国广大地区所具有的实际增长率（刊载于最好的文献），进一步考虑到新西班牙的增长率以及在生活资料和其他条件方面同美国无法比拟的欧洲各国的增长率，并特别注意到以往20年中各种难以克服的抑制人口增长的因素（这些因素必定会引起最漫不经心的人的注意），当人口不为获得生活资料的困难或引起早逝的其他特殊原因所抑制时，能使人口在25年内翻一番的、代表实际自然增长的、假设的人口增长率无疑就是实实在在的增长率。

因此，可以有把握地说，在没有受到抑制的情况下，人口以几何级数增长，以致每25年总数要翻一番。[①]

要是能把在不受抑制的情况下人口的自然增长率同人类实际生活着的有限地域中可能的粮食增长率进行比较，无疑是再好没有的；但是，对后一个增长率的估算比对前一个增长率的估算更为困难、更无把握。要是在一段不长的特定时期内的人口增长率可以较准确地确定下来，我们就必须假设，继续同以前一样鼓励人们结婚，养家糊口同样容易，道德习惯一如既往，人口死亡率也和过去相同，在人口达到10亿后仍然按同样的增长率增长如同中期和早期一样是很可能的；但是，很明显，在有限的空间里食物的增长却必定按完全不同的原理进行。前面已经说过，当拥有大量的优质土地时，食物的增长率会大大超过为适应人口最迅速增长（就人

① 当然，这种说法是指总的结果而言，并不是人口增长过程的每一个中间环节都如此。增长速度实际上时快时慢。

类而言，这是自然法则所容许的）所需要的数量。然而，要是社会的结构能最充分地让土地得到开垦并让人口得到增长的话，所有的优质土地和所有具有中等质量的土地都将很快被使用；到将来食物供应的增长终于要依赖开垦非常贫瘠的土地和对已开垦的土地进行逐步的、费力的改良时，食物的增长率肯定会非常像递减的几何级数，而不像递增的几何级数。无论如何，每年的食物增长总是呈现出持续递减的趋势，并且后10年的食物增长量可能少于前10年的增长量。

但是，实际上必定会出现难以捉摸的情况。对劳动的需求下降过早所引起的农产品分配不公，在早期可能会妨碍食物的增长，就像土地被进一步开垦、人口进一步增长那样；而农业生产的改进，以及伴随而来的对劳动和农产品的更大的需求，在后期可能会引起食物和人口的迅速增长，就像在早期土地被迅速开垦、人口大量增加那样。然而，这些变化显然是由各种原因造成的，这些原因不会使人们对农产品在有限的土地上持续增长将来会使其增长力下降的总趋势产生疑问。

在对于总趋势有把握而对于各特定时期却捉摸不定的情况下，为了阐明该问题，现在就在有限的土地上增加食物的产量一事作一假设（先不论假设的正确性如何），显而易见，这样做对了解土地生产用以养活日益增加的人口的生活资料的能力，而不是了解我们经历过的不同质量的土地所能生产的生活资料的能力更为有用。

如果，从一个人口众多的国家，如英格兰、法国、意大利或德国开始，我们就必须先假定，由于该国非常重视农业，其农产品的产量能持久地在任何一个 25 年中按相当于目前的产量增加，这样，其增长率无疑会高到绝不可能实现的程度。最乐观的耕作者也几乎不可能指望在未来的 200 年中该国的每个农场平均能生产出其数量等于目前所能生产的 8 倍的粮食，更不能期望这种增长率能持续下去，以致每个农场 500 年后能生产出其数量 20 倍于目前的粮食，1 000年后能生产出其数量 40 倍于目前的粮食。然而，这还只是一种算术级数，远远落后于按几何级数增加的人口自然增长。根据人口按几何级数增加的自然增长计算，任何国家的人口在 500 年以后不是增长 20 倍，而是会增加到目前人口数的 100 万倍以上。

或许有人会说，地球上有许多地方至今还是人烟稀少，只要作适当安排，其粮食的增加就会大大快于人口更为众多的欧洲各国所能达到的程度。这种说法无疑是正确的。地球上某些地方无疑是能够以在几个时期内同人口无限制的增长相适应的速度生产出粮食。但是，把这种潜力开发出来是件最困难不过的事。要是用提高世界各地现在的居民的知识、管理水平、勤劳程度、技艺和道德水平来做到这一点，那么怎样开始才能有成功的希望，或者怎样推定实现上述想法的时间，都非常难说。

要是用从世界上发达地区移民的办法来实现，显而易见，除了通常在未开化国家建立定居点所带来的一切困难以外，必定会发生许多战争和消灭当地居民的情况。光是这些就很难对付，而且它们在很长时期内有很大的破坏性，此外，人们自然总是不愿迁离自己的家园，因而，人们尚未来得及通过移居外国使困难得到缓解，他们在国内就吃了许多苦头。

但是,暂时假定这个目标能完全实现——就是说,假定地球生产生活必需品的能力能充分发挥出来,而且,生活必需品的分配比例非常有利于资本的增长和对劳动的有效需求——人口的增长(不论它是由每个国家的居民人数增加还是由农耕更先进的那些国家的移民流入引起的),就会大大加速,以致在较短的时期内,一切优质土地都被占用,食物的可能的增长率将降到比上面假设的算术级数低得多的水平上。

假如仅仅自我国 1688 年革命以来已过去的一个短时期内,地球上的人口以未受到抑制的自然增长率增加,假设那时总人口仅为 8 亿,那么,世界上一切地方(不将沙漠、森林、岩石和湖泊除外)的人口平均会像目前英格兰和威尔士一样稠密。这一点只要人口加倍或者 125 年就能达到;而再多一两倍人口,或者比詹姆斯一世王朝开始以来已过去的时间短一些的时间,就会产生与某些国家居民过多所造成的相同的结果,在那些国家,由于耕作的进一步发展,土地已不能生产出其数量与人口的无节制增长相适应的粮食。

因此,无论个别国家由于向国外移民能够使人口实际紧张状况得到怎样的临时的、局部的缓解,显而易见,从总体上和主要方面考虑这个问题,向国外移民简直可以说不能应付任何困难。无论我们把向国外移民排除在克服困难的各种办法之外还是包括在内,无论我们指的是个别国家还是全球,设想土地将来能够每 25 年增产出其数量相当于目前产量的生活必需品,显然是不切实际的。

但是,要是人口没有受到获取生活资料的困难或其他特殊原因的制约,其自然增长达到每 25 年总人数翻一番,要是在我们地球这样有限的土地上目前所能达到的养活人类所必需的粮食的最大限度增长至多也只能每25年增加相当于目前的产量，那么，很明显，必须有一种强有力的抑制人口增长的因素经常起作用。

按照自然法则，人类没有食物就不能生存。不论在人口未受抑制的情况下其增长率有多高，人口的实际增长在任何国家都不可能超过养活人口所必需的食物的增加。但是，按照关于有限的土地生产能力的自然法则，对土地所生产的食物来说，其在同样长的时期内所能达到的增长，过了一个短时期后，必然会持续下降（这种情况确实是会发生的），或者在最好的情况下停滞不前，以致只能按算术级数来增加生活资料。因此，情况必然是这样：地球上绝大部分地区人口的实际平均增长率（它服从食物增长的同一规律）的性质必定和未受抑制的情况下人口的增长率完全不同。

那么，需要考虑的一个大问题是，这个实际上对人口经常地、必然地起作用的抑制因素起作用的方式问题。

要是任何辽阔的、人口众多的国家的土地是在该国的人口中平均分配的，那么对人口增长的抑制所采取的方式是非常明显而又简单的。在人口众多的欧洲各国，每个农场或许可以容许人口翻一番，甚至翻两番，而不会造成贫困。但是，人口绝对不可能按同样的增长率继续增加，这一点极其明显，最粗心的思想家也会注意到。当经过非凡的努力，所产的粮食已达到能养活土地目前所能供养的人口数的4倍时，在往后的25年中对粮食倍增还能抱什么希望呢？

然而，除了在获得足够的生活必需品上存在着困难外，没有任何理由可以认为有什么东西能使很大一部分人不能过早结婚，或者使他们不能健康地将大群子女养大。但是，这种困难必定会发生，其结果，或者是阻止人们早婚，以防止同样数量的一部分人出生来抑制增长率，或者是使儿童由于营养不良或营养不足而身体不健康，造成很大一部人死亡，从而抑制增长率。非常有可能发生的是，人口增长率部分地由于出生人数减少，部分地由于死亡人数增加而得到抑制。

人们可以恰当地把这些抑制中的第一种称作对人口的预防性抑制，而把第二种抑制称作积极抑制；在这种情况下，它们的作用的绝对必要性就像人类没有食物不能生存一样肯定无疑和明白无误。

当只考虑一个农场时，谁也不会大胆地断言，该农场的农产品能长期地同在特定时期和特定国家里人们所看到的以每 20 年或 30 年增长一倍的增长率在不断增加的人口保持平衡。人们确实不得不承认，假如允许作最乐观的猜测的话，那么可以认为，在一定时期内土地所生产的生活必需品可以持续不断地增加，然而，这样高的农产品增长率是不可能实现的；要是使土地的生产能力始终适当地发挥作用，那么，经过一段时间以后，在没有新发明的情况下，农产品产量的增加会不断下降，直到再投入一个劳动者也生产不出供他自己消耗的生活必需品为止。

在这一方面，对于单个农场来说情况是这样，对于为现有人口提供生活必需品的整个地球来说情况也必然如此。就对人口增长的各种抑制来说，当地球上的土地在居住其上的所有家庭中间平均分配时，情况是如此，当现在财产的分配不公平以及人们的职业存在着很大差别时，情况也必定如此。只是由于这个题目太大而产生的混乱和含糊不清，使人们在谈到广阔土地或全球时就否认（人口增长与生活必需品增长之间存在不平衡），而当涉及单个农场时则不得不承认。

的确可以预料，在文明的、发达的国家中，资本的积累、劳动的分工和机器的发明，都能扩大生产的领域；但是，经验告诉我们，这些原因在制造方便生活的用品和奢侈品方面的作用确实令人吃惊，但在增加粮食生产方面的成效却不怎么好。尽管节省劳动和改进耕作制度可以作为将农业耕作扩展到比其他能耕作的土地贫瘠得多的土地的方法，但是用这样的方法增加的生活必需品的数量在任何时候都取代不了对人口增长的预防性抑制和积极抑制所起的作用。在文明、发达的国家中，如果每个家庭都能分到一份土地，则这些抑制不但绝对有必要，而且几乎精确地以同一方式起作用。由人口的增长快于有限的土地所生产的生活资料的增长的自然倾向所造成的、以最简单的社会状态明显地表现出来的贫困，使发达的、人口众多的国家中的上层阶级清楚地认识到他们自己难以按同样的生活方式供养家庭，也使组成社会大多数的劳动阶级感到凭他们的普通劳动挣得的实际工资不足以养活大家庭。

在任何国家中，最普通的劳动者的年收入是由生活必需品的供求状况决定的，过去如此，将来也总是如此。假如他们的年收入与劳动相比较，还不足以健康地供养大家庭，前面提到的三种情况中有一种必定要发生。要么养活家庭的困难将阻止一些人结婚并使其他一些人推迟结婚；要么营养不良引起疾病的发生并使死亡人数增加；要么人口的增长由于这种或那种原因而受到抑制。

根据以往的全部经验和对作用于人们头脑的各种动机所进行

的最好的观察,在私有制下,没有充分的根据可以指望土地生产出大量的农产品。那种希望供养自己和家庭以及改善自己的生活条件的什么刺激能以足够的力量和持久性使社会上的大部分人克服人类天生的惰性的设想,看来是不切实际的幻想。自有可靠的历史记载以来,根据公有财产的原则进行的一切尝试,要么如此微不足道以致不能从中得出什么结论,要么以最明显的失败告终;而当代教育所引起的变化在使将来的情况有所好转方面似乎也不能前进一步。因此,我们可以有把握地作出这样的结论,即:当人类仍然保留着他们现在所具有的同样的体质和道德素质的情况下,除了私有制外,没有别的任何制度能提供哪怕仅有的一点机会来养活目前人们在许多国家看到的如此庞大而又日益增长的人口。

但是,尽管看起来除此以外几乎完全没有凭经验得出的任何结论,然而,作为对生产的巨大刺激因素的私有财产法确实限制生产的发展,它经常使土地的实际产量大大落后于其生产能力,这种情况毫无疑问是真实的。在私有制条件下,人们不可能有扩大耕种面积的充分的动机,除非有足够的报酬使他们不仅能用来支付养家糊口(至少要养活妻子和两三个孩子)所必需的工资,而且能取得所投入资本的利润。这必定不包括可以用来种植谷物的相当一部分土地。虽然可以作这样的假定,即:在公有制下,可以将人们充分地刺激起来从事劳动,耕种土地,粮食生产和人口的增长继续进行下去,直到土地绝对不能再增产一夸脱粮食而整个社会全都为获得生活必需品而奔忙。但是,显而易见,这种状况必定会导致最大程度的贫困和倒退。假如私有制能使人类防止这些弊病发生(这一点它通过使社会上一部分人享受发展艺术和科学所需的安逸生活肯定能够在很大程度上做到），就必须承认，这种对扩大耕种面积的抑制会给社会带来非常明显的效益。

但是，或许还必须承认，在私有制下，耕种有时受到一定程度的限制，并且在一个时期内不为社会的利益所需要。当原先的土地分配极不公平，而且各种法律并没有提供充分的便利条件来改善土地的分配时，这种情况特别可能发生。在私有制下，对农产品的有效需求必然来自财产的所有者；尽管在最完善的自由制度下社会的有效需求能得到满足这种情况是确定无疑的，然而，有效需求者的爱好和需要经常地、必然地对国家财富的增加最有利这种认识却是不正确的。要是一切都听其自然，在土地所有者中对打猎和保护野生鸟兽的爱好必定会得到满足；但是，这种满足，从它必须用以达到目的的方法看来，对农产品和人口的增长必然十分不利。同样地，拥有剩余农产品的人们对消费制造品没有浓厚的兴趣，若是不由对私人随从的强烈欲望充分补偿的话（实际上是绝不会得到充分补偿的）则必然会引起对劳动和农产品需求过早的呆滞、利润过早的减少和对土地耕种过早的抑制。

无论导致付给整个劳动阶级的工资不充分的供求状况是由不良的社会结构和财富的不适当分配过早地造成的，还是由土地比较地枯竭必然造成的，这同人口的实际增长率或对人口增长的抑制的必然存在几乎没有关系。劳动者几乎感受到同样程度的困难，这种困难几乎必定产生同样的后果，不管它是由什么原因造成的；因此，在我们所了解的每个国家里，劳动阶级的年收入不足以健康地养活他们的大家庭。我们可以有把握地说，人口实际上受到获得生活资料的困难的抑制。又，正如我们所熟知的，充足的工资,加上一切愿意工作的人都能得到充分的就业,是极为罕见的——几乎是从所未有的,除一定的时期外,那时古老国家的知识和勤劳在有利的情况下应用于一个新国家——因而,不能认为获取生活资料的困难所引起的压力在遥远的未来才会产生,当土地不肯生产出更多的粮食时,人们就会感到这种压力,实际上这种压力目前不仅在地球的绝大部分地区存在,而且除很少数国家外,几乎经久不变地在对我们有所描述的所有国家起作用。

世界上没有一个国家其管理水平、财产的分配和人们的风俗习惯能以最有效的方式把土地资源开发出来,这种情况毫无疑问是千真万确的。因此,假定在这些方面立即发生最有利的变化,就可以认为,对劳动力的需求和对生产的鼓励也许会达到这样的程度——在一些国家在短时期内而在另一些国家在较长的时期内上述对人口的各种抑制的作用会减少。特别是,这种实实在在的情况经常扰乱我们的注意力,它就是在这个问题上产生错觉的巨大根源。它使人们相信,他们总能使土地生产出比充分地养活自己和他们的家庭所需要的多得多的生活资料。实际上,人们或许一直具有这种能力。但是,为此我们要完全感谢我们祖先的愚昧无知和拙劣的管理。要是他们把土地资源完全开发出来,可以十分肯定地说,我们现在要增加粮食生产就一筹莫展了。假定只从征服者威廉一世时起地球上所有的国家都管理得很好,财产的分配和富人及穷人的风俗习惯对于农产品和劳动的需求也都最为有利,粮食和人口的数量就该比目前大得多,然而各种降低对人口抑制的手段无疑也要少得多。获取生活资料的困难表现在,目前几乎全世界的劳动者都只能取得较低的工资,它部分地是由土地的必然的状况引起的，部分地是对农产品和劳动的需求的过早抑制所造成的。获取生活资料的困难在很大程度上会被人们觉察出来，它不容许人们在抑制人口增长方面有任何松懈，因为它是完全地、必然地由土地的状况造成的。

那么看起来，对人口增长的必要抑制的相应强度几乎不依靠人类在耕种土地中所作的努力。倘若这些努力从一开始就以最有见识的、最有效的方式加以引导，那么使人口同生活资料保持相应水平所必需的抑制，非但不会减轻，反而很有可能会发挥出更大的作用，而且劳动阶级的境况由于取决于获取生活资料的便利，非但不会得到改善，反而很可能会恶化。

所以，我们认为，是自然法则，而不是人类的行为和制度，使人口的自然增长必然受到了强有力的抑制。

自然法则决定着当不存在抑制时人口的增长率，也决定了在有限的土地上用以养活人口的食物的另一种很不相同的增长率。但是，尽管自然法则无疑是使人口增长必然受到经常而巨大的抑制的原因，然而，人类和社会制度也负有非常巨大的责任。

首先，人类和社会制度肯定要对目前地球上人口稀少负责。倘若社会制度和人们的道德习惯几百年以来一直非常有利于资本的增长和农产品及劳动力的需求，那么，几乎所有大国，不管多么先进发达，其人口都可能是现在的2倍或3倍，许多国家的人口则可能是现在的10倍，甚至100倍，而所有居民的生活却会像现在一样好。

其次，尽管在改变人口所受抑制的相应强度方面和在改变这些抑制对实际人口所施加压力的程度上，人类所起的作用是微不足道的、暂时的，然而，人类对抑制的性质和起作用的方式上却有着巨大的、十分广泛的影响。

政府和人类(社会)制度并不是在消除人口所必然受到的抑制(即人口增长必然会受到抑制，而不致充斥全球，可以有把握地说，这是违反自然规律而不可能发生的事)方面可以发挥巨大作用，而是在对这些抑制加以引导，尽量减少给社会道德和幸福造成的损害方面发挥巨大作用。我们从日常经验中获知，它们的力量是巨大的。然而，尽管如此，必须承认，政府的力量是间接的，而不是直接的，因为要达到的目的主要靠个人的行为，个人行为难以凭借法律产生直接的效果，尽管它可能受到法律的强有力的影响。

我们如果更加仔细地考察那些被划归为预防性和积极两大类的抑制所具有的性质，就会清楚地看出这一点。

人们会发现，这些抑制可分成**道德抑制**、**罪恶**和**苦难**。按照自然规律，要是认为人口增长的某种抑制是绝对不可避免并且人类制度对这些抑制中的每一种抑制所起的作用的程度发挥影响的话，那么要是不将所有的影响，不论是直接的还是间接的，都发挥出来以减少罪恶和苦难的总量的话，就会产生重大的责任问题。

当把道德抑制应用在我们现在探讨的论题时，可以给道德抑制下一个定义，就是出于谨慎考虑，在一定时间内或长久地不结婚，并在独身期间性行为严格遵守道德规范。这是使人口同生活资料保持相适应并且完全符合道德和幸福要求的唯一方法。所有其他的抑制，无论是预防性抑制还是积极抑制，尽管它们程度上差别很大，但都可以归到罪恶和苦难上去。

其余的预防性抑制是，使得大城市里的妇女不能生育的那种性交方式；性道德的普遍败坏，其效果与上面使妇女不育的性交方式类似；反常的恋情和防止不正常的性交所产生的后果所采用的一些不适当的方法。这些显然都可以归到罪恶这一类下面。

对人口增长的积极抑制包括以任何方式过早地缩短人的寿命的一切原因，例如不利身体健康的各种职业、繁重的劳动和长期在露天干活或生活，由于贫困引起的饥寒交迫、对儿童抚养不当、一切暴行、大城市和制造厂、一系列常见病和流行病、战争、杀害婴儿、鼠疫和饥荒。在这些积极抑制中，由于自然法则引起的那些抑制，我们专门把它们叫做苦难，而我们自己招来的抑制，例如战争、一切暴行以及其他许多我们有能力加以避免的抑制则具有混合性质。它们是由罪恶带给我们的，其后果则是苦难。

以不同的方式结合在一起并且以不同的力量起作用的这些抑制中的某些抑制，正在我们所熟悉的所有国家中发挥作用，它们成为把人口和生活资料保持在相应水平上的直接原因。

我在《人口原理》一书中已对我们最了解的大多数国家中这些抑制情况作了概述。我的目的是要在每个国家中追踪在限制人口增长上看起来最有效的那些抑制，并设法一般地回答库克船长提出来的特别适用于新荷兰的那个问题，即，是用什么方法使该国的人口保持在能生存得下去的数量上？

然而，我们几乎不能指望，我们将看到的有关各国情况的一般性叙述会详尽得使我们能确定我们所能描述的每一种抑制到底能在多大程度上克服人口的自然增长。特别是不应指望，这种一般性叙述能使我们了解严格意义上的道德抑制能普遍实行到多大程度。因此，我们尤其必须注意未婚者和晚婚者人数最高和最低这两个数。供养家庭的困难造成推迟结婚。尽管无法确定这种晚婚所导致的不正常程度，但把推迟结婚称为对结婚和对人口的谨慎抑制却是有用的。人们会发现，这就是预防性抑制实际起作用的主要方式。

只有对人口增长的预防性抑制能取代巨大的苦难和大量的死亡。假如说这种预防性抑制主要地是通过对结婚的谨慎抑制发挥其作用，那么如前所述，显而易见，直接立法就起不了多大作用。谨慎抑制不可能凭借法律来实现而不致严重违反人们生来就有的自由和不致产生更多罪恶的大风险。但是，公正而开明的政府十分巨大的影响和完善的财产保险在培养人们谨慎的习惯方面任何时候都是毫无疑问的。这些习惯的主要原因和结果我已在《政治经济学原理》一书第 IX 章第 250 页中作了阐述。

由于实际工资高，或者由于拥有支配很大一部分生活必需品的权力，可能会出现两种完全不同的结果。一种是，人口迅速增长，高工资主要被花在供养大家庭上；另一种是，生活方式的明显提高，人们享受到生活的便利条件和舒适品，却没有引起人口增长率相应的加速提高现象。

在观察这些不同的结果时，究其原因显然就是在不同的国家不同的时期的人民中存在的不同的习惯。在探究这些不同习惯的原因时，我们一般地来说是能将产生第一种结果的原因追踪到压抑下层阶级的一切因素上去，这些因素使得他们不能、也不愿意进行从过去到将来的推理，他们准备默认其标准十分低的生活上的舒适和体面。我们能将产生第二种结果的原因追踪到有助于提高社会的下层阶级的地位的一切因素上去，这些因素使他们最接近这样一些人，这些人“瞻前顾后”，因此，不能耐心地默认那种剥夺了他们自己和他们的子女保持体面、道德和幸福的手段的想法。

在造成上述第一种特征的因素中，人们发现最有效的因素就是专制、压迫和愚昧。而造成后一种特征的各种因素中，最有效的因素是公民的自由、政治自由和教育。

在有助于鼓励社会的下层阶级养成谨慎习惯的所有原因中，最主要的原因无疑是公民的自由。如果一国人民对于自己辛勤的、公正的、受人尊敬的努力是否有自由发挥的机会毫无把握，对于自己所拥有的或可能会获得的财产是否会得到现有法律公正实施的保护毫无把握，那他们是不会习惯于为未来制订计划的。但是，人们凭经验知道，没有政治自由，公民的自由不能长期确保。因此，政治自由几乎同样重要，除了从上述观点来看必须具有政治自由外，政治自由还会迫使上层阶级尊重下层阶级，从而显然有助于教会下层阶级尊重自己，这必定会大大增加公民自由带来的各种好处。

关于教育问题，在一个不善于治理的政府的领导下，教育肯定可能得到普及，而在别的方面搞得很好的政府领导下有可能把教育办得很糟。但是，就教育质量和普及程度而言，必须考虑到，人们总是喜欢后一种政府。光教育本身对保障财产是起不了多大作用的。但是，教育非常有助于人们从公民的自由和政治自由获得的一切好处。没有教育，确实不能把公民的自由和政治自由看成是完美无缺的。

由于上述原因造成的这些习惯不同程度地存在，加上由其他习俗以及土壤和气候不同程度的影响造成的大小不等的死亡率，在各国、在不同时期对人口增长起突出作用的几种抑制的性质和每一种抑制的力量必定具有巨大的差别。根据理论不可避免地作出的推论，已完全被经验证实。

例如，从我们所了解的古代各国和世界较不开化的地区的情况看，战争和各种烈性病是对人口增长的主要抑制。频繁的战争及其对人类的极为严重的破坏，加上有案可查的瘟疫、饥荒和致命的流行病，已对人类造成极大的消耗，以致极为巨大的人口增长力在许多情形下不足以补偿损失。我们马上可以看到鼓励结婚的根源和为增加人口所作的努力。这些鼓励和努力，几乎毫无例外地不同于古代的立法和一般政策。然而，有少数人看得更远，他们在寻找解决社会问题的更好的办法时完全清楚，在他们所能想象的最完美无缺的政府的治理下，由于人口过快增长可能产生极为严重的贫困和苦难。他们所提出的补救办法坚决而又激烈，这同他们所了解的罪恶的严重性是相称的。甚至鼓励人们结婚的注重实际的立法者似乎也认为，源源不断地生出来的孩子对养活他们的生活资料来说有时确实太多了；似乎还曾出现这样的情况，即，为了应付这个困难，并用劝阻人们结婚的办法来防止困难的发生，他们经常默许杀害婴儿这种不人道的做法。

不能认为，在这种情况下，对结婚的谨慎抑制会在相当大的程度上发生作用。除普遍的道德败坏可以作为一种最糟糕的预防性抑制发生作用这些情况以外，人口的很大一部分生殖力都发挥了作用，偶尔有多余的生殖力为某些激烈的原因所抑制。这些原因几乎完全可以分成罪恶和贫困。人类总是有能力避免罪恶和很大一部分贫困。

回顾现代欧洲各国对人口增长的抑制情况，与古代和世界许多未开垦地区相比，看来积极抑制较少，而预防性抑制较多。战争造成的破坏无疑已经减少，因为不但总的说来发生战争的频次下降，而且战争的创伤无论对于人类还是对于养活人类的生活资料都没有从前那样大的致命性。尽管在现代欧洲历史的初期，瘟疫、饥荒和致命的流行病时常发生，然而由于社会愈益文明和进步，它们发生的频次和死亡人数都大大减少，在有些国家它们现在已经几乎无人知晓了。对人口增长的这种积极抑制减少，预防性抑制的作用必然随之增加，因为积极抑制在程度上比粮食和人口的实际增长肯定要大得多。或许可以有把握地说，在现代欧洲几乎所有比较发达的国家中，目前使人口与实际生活资料保持在相应水平上的主要抑制，就是对结婚的谨慎抑制。

然而，我们将现代各国的情况同登记表上的数据进行比较时，仍会发现主要起作用的几种抑制在其性质和力量方面存在着巨大的差异。正是从这种观点出发，登记表最能说明问题。欧洲一些地方的情况至今尚未得到改善，仍然遭受频繁发生的瘟疫和致命的流行病的折磨。可以料想，在这些国家很难看到对结婚进行谨慎的抑制的迹象。但是，即使在情况已获得改善的国家里，还可能存在这样的环境，致使大量人口死亡。人们知道，大城镇对人类的健康不利，特别是对儿童的健康不利。低湿地带的不卫生状况如此严重，以致在某些场合，即使把大城镇里人口的生殖力全部释放出来（这种情况很少发生），人口增长的原理也会被抵消掉。

苏斯米尔希[①]提供的荷兰22个村庄的登记报表表明，那里的死亡率（可以设想主要是由该国的自然条件不卫生引起的）高达1∶22或1∶23，而不是通常的1∶35或1∶40。结婚率不是通常的1∶108或1∶112左右，而是高达1∶64，[②]表明结婚频次高得异乎寻常。由于死亡率高，人口总数几乎呈静止状态，出生人数和死亡人数大体相等。

另一方面，在挪威，那里的气候和人们的生活方式似乎对健康特别有利，其人口死亡率只有1∶48。该国对结婚的谨慎抑制作用得到比往常更大的发挥，其人口的结婚率仅为1∶130。[③]

以上所列可能被认为是极端的例子，但是，在各国的登记表中可以看到程度不同地存在着同样的结果。在长期对出生、死亡和结婚的人数进行登记的那些国家这种情况特别明显。人们养成更加有益于健康的习惯以及随之而来的瘟疫和致命的流行病的减少所引起的死亡人数的逐渐减少，兼带着结婚和出生人数所占比例的降低。苏斯米尔希提供了在上一世纪的一个时期中结婚人数所占的比例逐渐下降的一些令人吃惊的事例。[④]

1620年在莱比锡市，每年结婚人数与总人口数之比为1∶82，而在1741至1756年之间，其比例为1∶123。

---

① 《上帝的安排》，第Ⅰ章，第128页。

② 这种非常高的结婚率不可能全部由该国的出生人口来提供，而必然是部分地由迁入移民造成的。

③ 《人口论》（第6版），第Ⅰ章，第260页。

④ 《上帝的安排》，第Ⅰ章，第134页及以下各页。

1510 年在奥格斯堡，结婚人数与总人口数之比为 1∶86，而 1750 年则为 1∶120。

1705 年在但泽，该比例为 1∶89，而在 1745 年则为 1∶118。

1700 年在马格德堡公国，该比例为 1∶87，而 1752 至 1755 年期间则为 1∶125。

1690 年在哈尔伯施塔特公国，该比例为 1∶88，而 1756 年则为 1∶112。

1705 年在克利夫斯公国，该比例为 1∶83，而 1755 年则为1∶100。

1700 年在勃兰登堡的邱马克，该比例为 1∶76，[①]而 1755 年则为 1∶108。

这类例子举不胜举。它们有助于说明，在所有的古老国家中结婚人数取决于死亡人数。大批人的死亡常常造成大批人的早婚。同样应当肯定，除非生活资料能够适当增加，否则大批人的早婚必定导致大批人的死亡。

每年出生人数与总人口数的比例，显然主要取决于结婚人数所占的比例和订婚的年龄。因此，从各种登记表中可以看出，在人口没有大量增加的国家中，出生人数和结婚人数主要受死亡人数的影响。当人口实际上并没有减少时，出生人数总是能够填补死亡所造成的人口空额，并且还会增加到日益增长的国家财富和对劳动的需求所能允许的程度。在任何地方，在瘟疫、流行病和破坏

① 这些高结婚率中有一些，如果不是人的寿命缩短和第二次及第三次结婚的结婚率高（这种高结婚率经常会产生非常巨大的影响），就不会发生。在所有相当大的城镇中，邻近乡村的居民的结婚人数也在增加。

性战争的一些间隙期间,出生人数大大超过死亡人数;但是,由于各种各样的原因,各国死亡人数差别极大,从各种登记表可以看到,由于考虑到上述情况,出生人数都是以相同的比例变化。[①]

因而,在荷兰的39个村庄中,在登记时的死亡人数(与总人口之比)约为1∶23,而出生人数(与总人口之比)亦为1∶23。在巴黎附近的15个村庄中,出生人数与总人口之比与上述相同,甚至更大,因为死亡人数所占的比例更大,出生人数所占的比例为1∶22.7,死亡人数所占的比例亦相同。在勃兰登堡的几个小城镇中,死亡人数与总人口之比为1∶29,而出生人数所占的比例为1∶24.7。在瑞典,死亡人数所占的比例为1∶34.5,而出生人数所占的比例为1∶28。在勃兰登堡的1 056个村庄中,死亡人数与总人口之比为1∶39或1∶40,而出生人数与总人口之比为1∶30。在挪威,死亡人数与总人口之比为1∶48,而出生人数与总人口数之比则为1∶34。

在《人口论》评述过的所有国家中,没有一个国家像瑞士那样如此明显地表明了结婚人数和出生人数在总人口数中所占的比例取决于死亡人数所占的比例这一极其重要的事实和一般人口原理。看起来,在1760至1770年期间,人们普遍认为人口在减少。为了弄清这个问题,沃韦教区的牧师M. 穆雷对各个教区自它们最早建立时起的登记表进行了艰苦、细致的查阅。他对每70年为一个时期的三个不同时期内出生的人数作了比较。这三个时期是到1620年为止的第一个70年,到1690年为止的第二个70年,到

① 《上帝的安排》,第Ⅰ章,第225页;《人口论》(第6版),第Ⅰ章,第331页。

1760年为止的第三个70年。通过这一比较,他发现,第二个时期的出生人数比第一个时期的出生人数要少,而第三个时期又比第二个时期少。他认为,该国人口自1550年起一直持续减少的证据是不容置疑的。① 但是,他本人所作的计算清楚地表明,他所指的前两个时期的死亡率比后一个时期的死亡率高得多;以前在登记表中发现的出生人数较多不是由于总人口较多,而是由于几乎总是伴随较高的死亡率而来的较高的出生率。

根据完全可以信赖的报道,在最后一个时期,人口的死亡率特别低,而从婴儿抚养到青春期的儿童人数所占的比例特别大。在1766年,正当M.穆雷撰写他的论文时,派德沃地方死亡人数在总人口中所占的比例为1∶45,出生人数所占的比例为1∶36,结婚人数所占的比例为1∶140。同其他一些国家相比,上述出生、死亡和结婚人数在总人口中所占的比例都很小。但是,16世纪和17世纪的情况必定完全不同。M.穆雷列出了一份自1520年起历次瘟疫在瑞士蔓延的清单。从中可以看出,这种可怕的灾祸在整个第一个时期的几个短暂的间隙中使国家荒凉,有时并把它的破坏作用扩展到第二个时期末尾的22年中。我们可以有把握地断言,在这些时期,平均死亡人数比现在要大得多。但是,使这个问题变为确定无疑的东西,是16世纪普遍存在于相邻的日内瓦市的大量人口的死亡和17世纪、18世纪死亡人数逐渐减少的事实。《大英图书馆馆藏》(IV,328)所发表的计算数字表明,在16世纪,半数

① 《伯尔尼的社会经济政论集》(1776年),第15页及以下各页;《人口论》,第I章,第338页及以下各页。

活产婴儿的生存概率或所能活到的年龄只有4.883岁，或者不到4岁又11个月；人口的平均寿命或每个人平均应该生存的年数为18.511岁，或者大约18岁半。在17世纪，日内瓦人口的生存概率为11.607岁，或者约为11岁又7个月；平均年龄为23.358岁，或者23岁又4个月。在18世纪，人口的生存概率增加到27.183岁，或者27岁又2个月，平均年龄增加到32岁又2个月。

从M.穆雷谈到的瘟疫流行及其逐渐消灭的情况看来，毫无疑问，这种病造成的死亡人数减少情况必定在瑞士发生过，尽管在程度上也许不那么相同。但是，要是死亡人数与总人口之比不是低于1∶30或1∶32，并且出生人数与总人口之比不是M.穆雷写那篇论文时的那个数目，很显然，该国的人口将会迅速减少。可是，正如人们从登记表上记载的实际出生人数中了解到的，情况并非如此，从前人口大量死亡所产生的必然结果是人口出生率随之更大幅度地上升。这种情况马上表明，试图凭借出生人数和人口填补（由死亡造成的）所有缺额以及除了养活家庭的困难以外几乎不受其他任何原因制约的强有力的倾向，来确定各国的实际人口总数或同一个国家不同时期的实际人口总数，是错误的。

瑞士的派德沃就出生人数依赖死亡人数提供了其他十分引人注目的实例；这些事例或许更为可靠，因为它们同搜集这些资料的人的先入之见似乎是矛盾的。

关于瑞士妇女生育能力不旺盛的问题，M.穆雷说，在普鲁士、勃兰登堡、瑞典、法国，甚至在任何国家，他所查阅过的登记表表明，受洗礼人数（即出生人数）在总人口中所占的比例比派德沃大，后者的比例只有1∶36。他补充说，根据新近在里昂努瓦所作的计算，里昂城区受洗礼人数与总人口之比为1∶28，小城镇所占的比例为1∶25，而乡村则为1∶23或1∶24。他惊叹道，在里昂努瓦和派德沃之间存在着多么大的差别啊。在派德沃，最好的比例不超过1∶26，而这种情况仅存在于妇女的生育力特别旺盛的两个小教区，在许多教区该比例大大低于1∶40。他说，在平均寿命方面存在着同样的差别。里昂努瓦人口的平均寿命几乎不超过25岁，派德沃的平均寿命最低则为29.5岁，而这种情况仅存在于唯一的一个低湿的、不利于健康的教区，在许多地方超过45岁。

他问道，"在儿童脱离危险的婴儿期的人数最多，并且不管用什么方法计算出来其平均寿命高于任何其他国家的国家，怎么恰好就是妇女的生育力最低的国家呢？在我们所有的教区里，平均寿命最高的教区也应该是人口增长趋势最微弱的教区，这种情况又怎么会发生呢？"①

M.穆雷说，要解决这个问题，"我要作一个假设，我也只能作这样的假设。为了在一切地方保持人口的适当平衡，上帝已将各种事物作了这样明智的安排，以致每一个国家的生命力应该同该国妇女的生育力成反比，难道情况不是这样吗？实际上，经验已证明我的假设是王确的。莱辛是阿尔卑斯山上的一个村庄，有400人，每年只有8个多一点孩子出生。派德沃差不多有同样多的居民，每年出生11个孩子，而里昂努瓦则每年有16个孩子出生。但是，倘若在20岁时，上述8个、11个和16个孩子数减少到同一个数目这种情况发生的话，就会出现在一个地方生命力下降而在另

① 《伯尔尼的社会经济政论集》(1776年)，第48页及以下各页。

一个地方妇女的生育力下降。因而,最有利于健康的国家由于生育力不旺,其人口不会太多,而不利于健康的国家由于妇女的生育力特别旺盛,其人口将继续增长。”

这些事实和所观察到的情况充满极其重要的教益,并且引人注目地证明了人口原理。可以认为,如此明白无误地呈现在我们面前的人口出生率的三个等级,体现着发生在不同国家和不同时期的人口出生率的变化。实际问题是,当这种变化普遍发生而没有出现人口增长率的相应的差别时(这种情况几乎普遍存在),我们是按照 M. 穆雷的意思假定,上天保佑使有利于健康的国家的妇女少生孩子,在那些国家,卫生习惯的养成已使瘟疫和致命的流行病绝迹,还是凭经验假定,有利于健康的、发达的国家里较小的死亡人数被更普遍存在的对结婚和对人口的谨慎抑制所抵消。

借助瑞士可以特别清楚地说明这个问题,因为该国有些区的人口已处于静止状态。人们认为阿尔卑斯山上的人口数量已经减少。这可能属于误传,但是那里的人口数量处于静止状态或接近静止状态不是不可能的。那里耕地面积很少,都是高山牧场,难以养活日益增加的人口。当那里充斥牲口时,就一筹莫展了。如果既没有往国外移民来处理多余的人口,也没有制造品可用以购买更多的食物,那么,死亡人数必然会与出生人数相等。

前面提到过的阿尔卑斯山的莱辛教区就是一个例子。那里在一段长达 30 年的时期里,死亡率和出生率几乎精确地彼此保持平衡。结果是,如果对人口增长的积极抑制非常小,预防性的抑制就必定非常大。按照 M. 穆雷的说法,莱辛教区人口的生存概率高达 61 岁。[①] 但是，显而易见，要是没有对结婚的相应的谨慎抑制，在该教区有关生活资料的实际情况下，要想达到这样高的健康程度是不可能的。因此，该教区的出生人数与总人口之比只有 1∶49，而 16 岁以下的人口数只占总人口的四分之一。

毫无疑问，在这种情况下，由地理位置和所从事的工作造成的人们身体的极端健康，会更多地造成对人口的谨慎抑制，而不是谨慎抑制使人民的身体极端健康。然而，可以非常肯定地说，人们身体的健康和谨慎抑制必然经常起作用且互相影响，而且当环境不能提供充足的生活资料来养活增多的人口和人口没有因向国外移民而减少时，如果不是普遍存在谨慎抑制，那么不管自然环境多么有利于健康，也不会防止人口的大量死亡。可是，要造成这样高的死亡率，贫困和苦难程度就必须大大高于那些不那么有利于健康的地区。由此，我们立即会明白，为什么在全是高山牧场的国家里，如果无法通过向国外移民减少人口，谨慎抑制的必要性会更加强烈地引起人们的注意，因而这种抑制会在更大的程度上普遍存在。

就一般国家来说，在自然环境的卫生方面，即从最湿软而尚能居住的沼泽地到最纯净的、有益于健康的空气，必然存在差别。由于人们的职业的性质、爱干净的习惯和对防止流行病蔓延的关心的程度不同，这些差别会进一步扩大。如果任何国家在获取生活资料方面没有困难，卫生条件的差别就会对人口增长产生重大影响。鉴于许多国家的自然环境卫生状况比美国好，这些国家的人

① 《伯尔尼的社会经济政论集》(1776 年)，表部分第 65 页，表 V。

口增长应该更快。但是，几乎毫无例外，因为人口的实际增长是由获得生活资料的相对困难程度决定，而不是由相对的人口自然增长力决定的。经验告诉我们，除了极端的例子外，环境有利还是有害于健康对人口实际增长的影响微乎其微。但是，这些情况非常有力地表明它们本身具有抑制人口增长的性质，这些抑制使人口保持在与生活资料相适应的水平上，并引起 M. 穆雷所举的例子中提到的各国登记表中的那种变化。

人口增长的直接原因是出生人数超过死亡人数。人口增长率或人口翻一番所需的时间取决于出生人数超过死亡人数的部分在总人口中所占的比例。

过剩的出生人口由以下三个原因引起，并同它们保持相称的比例：第一，结婚人数的激增；第二，出生后能活到结婚年龄的人口所占的比例；第三，与平均预期寿命相比，这些人结婚早到什么程度，或者与一代人由于死亡而消逝相比，这些人的寿命由于结婚和生育而缩短到什么程度。

要使人口的增长力全部得到发挥，一切情况都必须有利。由于订婚早，[①]结婚后必然多育。由于结婚的趋向和出生后活到青春期的人口所占的比例大，出生后活到结婚年龄的人口所占的比例必然很大。由于国家的卫生状况好和人口的平均预期寿命高，结婚的平均年龄和死亡的平均年龄之间的间隔必定相当长。由于每一个原因都以人们已知的最大的力量发挥作用，这三个原因合

① 这里所说的“早”并不是指未成熟的年龄；而是指，要是妇女在 19 或 20 岁结婚，毫无疑问，她们所生的子女人数，一般要比她们在 28 或 30 岁时结婚所生的子女人数要多。

在一起所起的作用或许人们从未见过。即使在美国，尽管头两个原因非常有力地发挥作用，平均预期寿命和随之而来的结婚年龄和死亡年龄之间的间隔并不很大。然而，总的说来，由于每个国家都承认的出生人口过剩还远没有达到人口增长力全部发挥出来的水平，上述几个原因，根据每个国家的不同情况和人们的习惯，对几种很不相同的增长率产生影响。

一个最令人感兴趣的、最有用的观点（人们可用以研究各种登记表）是在于登记表能够证明，在各国和各地区不同程度地存在着对结婚和对人口增长的谨慎的抑制。这种观点并不罕见，在近几年中它还由人们强烈地表达出来，尽管人们对以下问题的了解比过去多，即，对于处在他们所生活的环境中的劳动阶级，人们不可能合情合理地期望他们在达到结婚年龄时对此进行慎重的考虑。但是，这种看法对他们很不公平。这不仅对于通常的观察来说是明白无误的，凭借这种观察我们定能看到大批人把结婚推迟到他们的情欲最旺盛的时期过去以后，而且上面这种看法的不公正还从各国的登记表中得到证实，这些登记表清楚地表明，要么有相当多的达到结婚年龄的人永远不结婚，要么他们结婚比较晚，而且他们结婚后所生育的子女数比他们要是早结婚要少得多。由于对结婚的谨慎抑制可能以这两种方式中的任何一种方式表现出来，它可能以不同的结婚率几乎在同样程度上普遍存在。进一步说，在结婚率相同的情况下，也可能出现不同的人口出生率和增长率。但是，假定大多数国家妇女的自然生育力相同，人口出生率低下这种情况一般地以差强人意的正确性表明对人口增长的谨慎抑制存在的普遍程度，无论这种抑制主要是由于晚婚和结婚后不生育，还是由于很大一部分人尚未结婚就死了。[①]

那么,我们必须把各国不同的出生率看作判断对结婚的谨慎抑制所起的不同程度的作用的最好标准。各国人口出生率变动范围从大约 1∶36 到大约 1∶19 或 1∶17,各教区或各地区间的差别程度还要大。

前面已提到的阿尔卑斯山区一个独特的教区里的人口出生人数与总人口之比仅为 1∶49。不久前按照英格兰和威尔士教区记录簿所制作的统计表表明,蒙默思郡的出生率只有 1∶47,而布雷肯郡则为 1∶53。尽管充分估计到漏报的情况,这些出生率仍表明对结婚的谨慎抑制在很大程度上普遍存在。

倘若在某一国家,所有的人都在 20 或 21 岁结婚,那么人口的出生率很可能会超过 1∶19;而且在该国资源无法维持人口加速增长的情况下,要比在生活资料极大地丰富且劳动需求像美国那样巨大的情况下,上述结论会更加确定无疑。按照后一个假设,假定人口出生率为 1∶19,平均预期寿命与英格兰相同,则其结果是引起人口非常迅速的增长,人口翻一番所需的时间不是 46 年或 48 年,而是比美国人口翻一番所需的时间要短。另一方面,要是该国的资源不能养活比 1821 年人口普查前 10 年中发生在英格兰和威尔士的人口增长快得多的人口的话,其后果就是人口平均预期寿命大大下降。要是出生率是 1∶19,而不是 1∶30,要是每年

① 根据登记表中出生人数在结婚人数中所占的比例不可能作出对各国妇女自然生育强度的判断,因为那些比例总是受到增长率、第二次和第三次结婚人数和晚婚率的很大影响。一个国家的登记表可能记载着一对夫妇结婚后生 4 个孩子,而在 20 岁结婚的农村妇女可能平均生 7 个或 8 个孩子。

的死亡率增加到大约 1∶26.5，当时的人口的增长率就会同现在一样高。那样，平均预期寿命就会相应地从 41 岁，或者更可能地从 45 岁以上下降到不到 26 岁。① 由于不存在对结婚和人口增长的谨慎抑制，这种后果必定会产生。毫无疑问，在世界各地发生的相当一部分人口的夭亡都是它造成的。当将自然法则应用于作为有理性的人的人类时，这些法则并不显示出要将青春期年龄以下的一半人口毁灭掉的倾向。这种情况只是在非常特别的情况下，或者只是当人们对这些自然法则经常向人类发出的警告充耳不闻时才会产生。

有人说，人口增长速度如此之快，以致其数量会在 25 年内翻一番，而且只要有足够的空间，人类会在相当短的时间里使地球上一切可居住的地方都布满人，人类所具有的这种倾向不可能成为自然法则，因为实际存在的非常不同的人口增长率必定包含着与事实和现象很难调和的过高的死亡率和生命的毁灭。但是，人口按几何级数增长的规律的独特的长处是，尽管其增长的力量在没有受到抑制的情况下是绝对无限的，然而，如果这种增长未能达到，那也许是受到了一种比较有节制的力量的抑制。当然，以下这种情况绝不会发生，即：按几何级数不停地生产出来的大量增加的人口中相当大的一部分先是存活下来，然后被毁灭掉。使食物成为人类和动植物所必不可少的东西的这个自然法则，防止养活不了的过剩人口继续存在，因此，自然法则或者阻止这种过剩人口的产生，或者以使粗心大意的观察家都几乎难以觉察的方式将这些

① 这可以从该国 1810 至 1820 年这 10 年间每年的低死亡率中推测出来。

多余人口消灭在萌芽状态。人们看到，在人口的实际增长比其他许多国家要慢的一些欧洲国家，如瑞士和挪威，死亡率相当低。因此，对人口的自然增长施加更大的抑制的必要性就会使死亡率不再提高。而且，很明显，甚至死亡率达到足以消灭每年自然出生的过剩人口（虽然所有已婚的年轻人和全体人口都能得到供养）的程度——这种状况可能存在并且常常在特殊情况下存在，也几乎没有引起人们的注意。大约在上一世纪中叶，斯德哥尔摩和伦敦的死亡率是 1∶19 或 1∶20。死亡率达到这种程度，或许会使出生人数同死亡人数保持平衡，即使所有的人都在 20 岁结婚。然而，却仍然有许多人经过选择而迁往斯德哥尔摩和伦敦，大多数人或许没有意识到，他们这样做会使他们自己和子女的寿命缩短，而其他的人则认为，这些差别不值得重视，或者至少这些差别会被社会的各种优点和城市提供的就业机会所抵消。所以，在各国和各种情况下产生的实际死亡状况中，没有任何东西同我前面提到的那样大的人口自然增长趋势的假设有一点矛盾。

人们还注意到，既然实际上人口连续按任何一种几何级数增长的情况极为罕见，并且只有在 25 年内人口翻一番这样仅有的实例，因此，把研究重点放在任何时候都没有产生过自然效果的增长趋势上，是毫无用处的，而且是荒唐的。但是，我们实际上也可以说，我们将不是要估算小麦或绵羊的自然增长率，因为可以十分肯定地说，它们的自然增长趋势实际上从来没有像人类的自然增长趋势那样长期持续地发展。把在最重要的动植物中普遍存在的自然增长的规律作为自然科学问题，甚至作为经济问题来认识是难以理解的，但却是可取的。按照同样的看法，认识人类的自然增长规律必定更令人感兴趣。可以千真万确地说，我们周围的一切实际现象——各国不同的人口增长率，有的国家增长十分缓慢或者处于静止状态，而另一些国家的增长十分迅速——必定是大量不正常的现象，它们同生物界其他一切动植物的类似情形完全相反，要是人类的自然增长趋势至少不像在条件最有利的情况下发展的那样大，而在其他一切情况下这种自然增长趋势又受土地状况和其他障碍等各不相同的种种困难的制约。当把这个问题应用于人类时，其在道德和政治影响方面的重要性马上增长10倍。这些道德和政治影响必定来自对人口增长的那些抑制。这些抑制以这种那种形式存在并起作用（人类无论作出什么努力都不可能加以防止）。现在已为人类幸福之友进行最令人感兴趣的探索开辟了一个新的天地。

但是，作为这种探索的开端，显然我们必须了解要克服的力量大到什么程度，还要了解世界各国实际上需要克服的各种抑制的不同性质。为此，第一步就是要努力弄明白人口的自然规律，或者人口在鲜为人知的各种障碍的作用下的增长率。在随后的探索中，人口的这种增长趋势肯定不会消失。探索的目的是为了提高人们在社会上的道德水平。

如果不加以抑制，人口会增长到有限的土地不能充分供应食物的程度，这种增长趋势的存在要求我们立即决定这样一个问题，即，在财产法得到确认的社会里，穷人有得到社会供养的天生的权利。因此，这个问题本身主要地演变成有关承认和保护私有财产的各种法律的必要性这样一个问题。通常都把最强者的权利看作是人类以及兽类的自然法则。然而，这样一来，我们就马上放弃了人类作为理性的人所具有的独特的优越地位，而将自己归属于原野的野兽一类。可以用同样的语言来说,耕种土地并不是人类的天性。肯定地说,不能把人类看作只是没有理性的动物。但是,对于可预见到结果的有理性的人,自然法则命令他们耕种土地,以此作为养活个人和增加日益增长的人口所需的供应的手段。那些自然法则的命令显然是事先已计划好的,其目的是为促进社会总体利益并增进人类幸福。正是用同样的方法并为达到同样的目的,自然法则命令人们置办财产,并命令社会绝对必须具有某种能够保护财产的权力。自然法则用如此强烈的语言对人类说话,使人们充分感受到讲话的分量,以致对有理性的人来说,似乎可以认为没有任何东西像同一社会中普遍存在的最强者的权利那样绝对难以容忍。一切时代的历史都表明,如果人们认为除了建立起个人专权以外没有其他办法可以结束这种状况,那么人们就会宁愿屈从于某个人和他的仆从的暴政、压迫和残酷,也不愿受想要将他人劳动果实据为己有的第一个强者的摆布。当将自然法则必然产生的这种普遍存在的、根深蒂固的感情应用到有理性的人时,其结果就是,无政府主义的几乎确凿无疑的后果就是专制主义。

由是,人们明白无误地认为财产权是由成文法创造出来的,然而,这种法律这样早、这样专横地强加于人类,以致它虽然不能称为自然法,但也必定被人们认为是一切成文法中最自然和最必需的一部法律。制定这部优越的法律的根本原则显然是促进社会总体利益,很明显,倘若没有这种法律,人类有可能倒退到与野兽为伍的地步。

由于财产权是由成文法产生的,制定法律的出发点又是为了促进大众的利益和增进人类幸福,因而该法律可以由制定它的同一当局加以修订,以期更完满地实现既定目的。确实可以说,征收供政府使用的一切国税和由郡或教区收取的一切地方税，都是对这种法律进行修订的结果。但是，对财产法没作过修订，其目的仍然是为了增进人类幸福，不能因为承认完全供养所有可能出生的人口的权利而予以废弃。因此，我们可以有把握地说，对这种权利的承认和对财产权的承认是绝对不相容的，是不能并存的。

即使根据法律，在多大程度上可能向处于贫困之中的社会贫苦阶级提供帮助，而不致废弃财产法的大目标，这是根本不同的一个问题。它主要取决于社会劳动阶级的感情和习惯，并且只能由经验来决定。要是人们普遍认为接受教区的救济是如此丢脸，以致尽量避免去领取这份救济，并且要是当穷人看到他们不得不求助于救济，因此很少有人或没有人敢于结婚时，毫无疑问，真正的穷人也许会充分得到救济而不致有经常增加乞丐比例的危险。那样一来，就能获得巨大好处而不致造成相应的罪恶把所得到的好处抵消掉。但是，假如依赖救济的大量穷人存在的对领取教会救济丢脸的感觉减少到实际上根本不顾脸面的程度，以致许多人结婚后几乎肯定会变成乞丐，从而，他们在总人口中所占的比例在继续增大，那么可以肯定，已经得到的部分好处必定会被社会广大民众生活条件的普遍恶化和情况将变得更糟所大大抵消。因此，从许多场合发放的不充分的救济品看以及从发放的方法和起抵消作用的各种原因看，尽管像英国那样的济贫法所起的作用和承认穷人享有受供养的权利[①]的影响以及完全履行由于承认这种权利而

① 对穷人享受供养的权利问题上所使用的语言的主要反对意见是，事实上，我们所答应给予的东西并没有给，穷人们可能指控我们欺骗了他们。

引起的各种义务所造成的影响大不相同,然而,这种情况应该向每一个社会幸福之友提出最严重的警告,并作出符合正义与人道的努力以便进行补救。但是,在这个问题上无论采取什么措施,必须承认,不论为穷人立法成功与否的前景如何,人们必须充分认识到,社会劳动阶级具有这样一种自然趋势,即这些阶级的人口趋于不断增长,以致超过对其劳动的需求,超过充分供养他们所需的手段,并且必须充分意识到,这种增长趋势会给劳动阶级生活条件的不断改善设置最大的障碍。

对写文章反对我在本文中所阐述的各种原理的著述家们形形色色的反对意见进行评论,大大超出了本文的范围。那些看起来在最低程度上貌似有理的文章,我已在《人口论》新近的几个版本,特别是第五版本和第六版本的附录中作了答复,读者自己可去查阅。[①] 因此,我们只对某些人以宗教为由提出的反对意见作进一步的评论。因为把对不同意见所作的答复牢记在心里肯定十分重要,我不得不在本文末尾为我对反对意见的答复中提炼出来的一些话留一点位置。

人们一直认为,人类的增长能力超过在有限的空间里食物最

---

① 在回答阿瑟·扬时,讨论过把土地分给穷人的问题。令人奇怪的是,阿瑟·扬在提出把土地分给穷人的计划后,不得不承认,“要慎重地考虑不断增长的人口可能遭受的苦难,这种苦难会被人们看作绝对难以避免的罪恶。”事实上,全部困难都在于此。在英格兰和爱尔兰的殖民地与在加拿大的殖民地之间的巨大差别是,一方面,殖民主义者对人口增长的需求不存在了,并且经过一段时间后劳动者过多的问题会加剧;而另一方面,对劳动的需求会增加,而且必然会长期如此,迁出国的人口过剩问题会大大减轻。

在附录中,对韦兰先生的答复包含着许多适用于对目前反对意见的答复。

大可能的增长能力的这种趋势是对上帝仁慈的亵渎，并且同《圣经》的字义和精神都不相符。要是这种反对意见有充分根据，那肯定是提出了最严重的问题。但是，对这个问题的回答看来十分令人满意，并可以将它压缩到很小的范围内。

首先，人口原理引起的罪恶似乎同一般的人类情欲过度的满足或不正常的满足引起的罪恶恰好一样，同样可以用道德抑制加以避免。因此，既然我们没有理由因为存在着人类情欲引起的罪恶而断言，这些情欲太强烈了，需要将其减弱或加以消灭，而不是对其进行调节和引导，那么，我们也就同样没有理由因为存在着人口原理引起的罪恶而断言，人口原理的力量太强了。

其次，人们几乎普遍承认，（基督教《圣经·新约》中的）《启示录》的表面文字和精神实质把我们这个世界描绘成了一种叫人接受道德磨炼和考验的状态。而叫人接受道德磨炼和考验的状态不会是纯粹幸福的状态，因为它必然包含着要克服的困难和要抵制的诱惑。在一系列自然法则中，现在谁也无法指出哪一个自然法则特别符合圣经对地球上人类状态的这种观点，因为同其他观点相比，这种观点使情况变得更为纷繁复杂，要求人们作出更大的努力，而且还以更普遍、更强烈的方式，向国家和个人展示了道德和罪恶所产生的不同结果——即适当控制情欲和应当受到谴责的纵欲所产生的不同结果。由此可见，人口原理非但不与《启示录》相矛盾，反而应认为人口原理为证实《启示录》的真实性提供了更多的有力证据。

最后，人们会承认，在考验状态中，看来最符合仁慈的造物主的观点的自然规律是这样一些规律，这些规律一方面提供困难和诱惑(这些正是考验状况的本质),同时又在今生和来世用幸福奖励那些克服了困难和诱惑的人。而人口规律就特别符合这一点。每个人由于本能和受天启教的鼓励而实行德行,在很大程度上具有使自己和社会避免罪恶后果的能力。而且毫无疑问,这种德行大大有助于实行德行的个人改善自己的生活条件并增加舒适品,并通过他们,使全社会的生活条件获得改善并增加舒适品,由此也就完全证实了上帝通过这个伟大的规律对待人类的方式。

(本文是刊登在1824年《大英百科全书》增刊上的版本的节本,发表于1830年,中译文是据新美国世界文献图书馆出版公司1960年出版的《关于人口的三篇论文》迻译的。胡企林校)

图书在版编目(CIP)数据

人口原理:附:人口原理概观/(英)马尔萨斯著;朱泱,胡企林,朱和中译.—北京:商务印书馆,2017
(汉译世界学术名著丛书:120年纪念版:珍藏本)
ISBN 978-7-100-14209-0

Ⅰ.①人… Ⅱ.①马… ②朱… ③胡… ④朱… Ⅲ.①人口学 Ⅳ.①C92

中国版本图书馆CIP数据核字(2017)第137847号

汉译世界学术名著丛书
(120年纪念版·珍藏本)
人 口 原 理
附:人口原理概观
〔英〕马尔萨斯 著
朱 泱 胡企林 朱和中 译

商 务 印 书 馆 出 版
(北京王府井大街36号 邮政编码100710)
商 务 印 书 馆 发 行
南京爱德印刷有限公司印刷
ISBN 978-7-100-14209-0

2017年12月第1版 开本 710×1000 1/16
2017年12月第1次印刷 印张 14¾
定价:75.00元